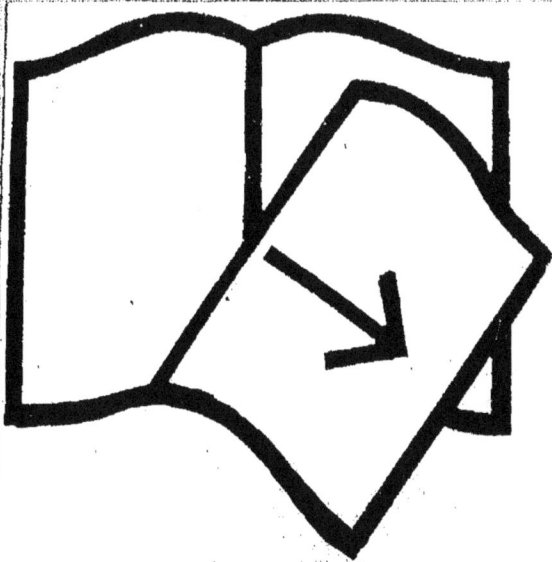

Couvertures supérieure et inférieure
manquantes

A L'AURORE DU SIÈCLE

À

L'AURORE DU SIÈCLE

COUP D'ŒIL D'UN PENSEUR

SUR LE PASSÉ ET L'AVENIR

PAR

LOUIS BÜCHNER

Version française par le Dr L. LALOY

———⊸∘⊶———

PARIS
LIBRAIRIE C. REINWALD
SCHLEICHER FRÈRES, ÉDITEURS
15, RUE DES SAINTS-PÈRES, 15
1901

A L'AURORE DU SIÈCLE

PRÉFACE DU TRADUCTEUR

« *Eritis sicut Deus, scientes bonum et malum,* » dit Méphis-
tophélès à l'écolier venu pour le consulter. Il a d'ailleurs soin d'a-
jouter : « Tu auras vite fait de regretter d'être devenu semblable
à Dieu. » C'est ce passage de Faust qui me revenait à la mémoire
en étudiant, avec L. Büchner, les changements accomplis au
cours du xixe siècle. Si en effet on se reporte à ce qu'était l'humanité au début de cette période, on constate que, dans toutes
les branches du savoir et de l'activité, une véritable révolution a
eu lieu. Par sa connaissance de la nature et par l'exploitation de
ses forces, l'homme est devenu réellement le roi de la création.
Ce serait empiéter sur le sujet d'un des chapitres de l'ouvrage,
que d'énumérer tous les progrès scientifiques et industriels qu'a
vus ce siècle.

Mais on peut se demander si les énormes changements survenus
ont eu pour corollaire un accroissement du bonheur des peuples.
La réponse ne paraît pas douteuse. Il y a un sentiment de malaise général, de désillusion qui est dû à ce que les grandes espérances fondées sur les progrès de nos connaissances ne se sont
pas réalisées. S'il est injuste de parler de « faillite de la science »,
il n'en est pas moins certain qu'au point de vue moral il y a
eu un recul manifeste sur les époques précédentes. L'homme ne

1

vit pas seulement de pain, mais aussi de certitudes, d'espérances et, pourquoi ne pas le dire, de poésie et d'illusion. Or, depuis le grand mouvement philosophique du xviii⁰ siècle, et surtout depuis la Révolution française, tout a été remis en question. L'homme du peuple, aux siècles précédents, pouvait être persécuté par ses supérieurs, ruiné par les guerres ou les impôts ; il avait en tous les cas un équilibre moral que ses petits-fils ne connaissent plus.

Le xix⁰ siècle pourrait être caractérisé d'un mot : c'est le *Crépus-cule des dieux*. Toutes les anciennes croyances qui faisaient le bonheur de nos pères s'en sont allées. Le flambeau de la science a éclairé de sa lumière crue tous les recoins où pouvait se réfu-gier le rêve. On peut dire beaucoup de mal du christianisme; il n'en est pas moins certain que, tel qu'il était, il avait établi un ordre social qui a pu durer près de 2000 ans sans modifications sen-sibles. Or il paraît absolument utopique de vouloir conserver cet ordre social après avoir supprimé la religion qui lui servait de base. Si l'on compare l'état mental des habitants des campagnes, qui ont conservé à peu près intactes leurs anciennes croyances, avec celui des ouvriers des villes gâtés par un faux semblant d'instruction, on s'aperçoit que les premiers vivent réellement heureux, parce qu'ils savent se contenter de leur lot. Les seconds, au contraire, malgré une situation matérielle meilleure, sont aigris et envieux de tout ce qui les dépasse; ils constituent l'élé-ment le plus dangereux pour l'ordre social. En effet, celui-ci, avec ses choquantes inégalités, ne se justifie qu'en vertu d'un principe supérieur. Supprimez ce principe et, par une consé-quence logique, le citoyen ne comprendra plus la nécessité du devoir, du mariage, de la famille, du gouvernement. Il deviendra socialiste ou anarchiste.

Il ne faut donc pas se le dissimuler, les modifications dans les conceptions morales, qui gagnent de plus en plus les couches po-pulaires profondes, nous conduisent tout droit à un bouleverse-ment total de l'état social actuel. Il est assez difficile de déterminer ce que sera la société de l'avenir, sur quels principes moraux elle s'appuiera. Nous aurons à examiner ces questions dans un des chapitres de cet ouvrage. Pour le moment d'ailleurs, l'homme du peuple paraît disposé à faire assez mauvais usage de sa liberté. Alcoolique et dépensier, il est d'autant plus pauvre qu'il gagne davantage. D'une éducation politique nulle, il se laisse entraîner par les phrases pompeuses du premier charlatan venu. Aussi, le suffrage universel, sur lequel on avait fondé tant d'espérances est-il faussé dans son essence et n'a-t-il, en tous pays, amené que le gouvernement des médiocrités et des gens sans aveu.

L'absence de tout principe moral n'a pas été moins funeste dans les sphères élevées que dans le peuple. Les anciennes aristocraties, qui avaient au moins pour elles une certaine noblesse de caractère et d'allures ont été remplacées par une ploutocratie effrénée. L'argent règne en maître partout, et sa tyrannie n'est même pas tempérée par une charité véritable. Le succès excuse les actes les plus blâmables et la force prime le droit, entre les particuliers comme entre les États.

C'est surtout dans la politique internationale que l'absence d'un principe directeur se fait durement sentir. En effet, la religion dont certains peuples se parent n'est plus qu'un masque destiné à cacher les passions les plus abjectes. Le XIXᵉ siècle a été caractérisé par une très forte expansion coloniale et par l'introduction de ce qu'on appelle la civilisation dans les contrées les plus reculées. Après avoir massacré une population paisible et ignorante au moyen d'armes perfectionnées, après avoir détruit ses villages et ses plantations, on imposait aux survivants un esclavage déguisé et on achevait de les détruire par l'alcoolisme et les maladies vénériennes. Tous les peuples européens ont pris part aux atrocités commises dans les guerres coloniales ; mais la palme appartient sans contredit à la pieuse et vertueuse Angleterre, avec sa destruction systématique des races dites inférieures, avec la famine organisée dans l'Inde, comme d'ailleurs en Irlande, et enfin avec cette infâme guerre de l'Afrique Australe. En Europe même nous voyons toutes les nationalités faibles ou mal armées pour la lutte, opprimées ou absorbées par les plus fortes. Celles-ci ne se sentent à l'abri que derrière des armées formidables, telles que le monde n'en a jamais vu de pareilles. D'ailleurs, les gouvernants

sont atteints d'une absence de sens moral complète, puisque,
malgré le désir de leurs peuples, aucun n'a osé élever la voix en
faveur de l'Espagne dépouillée par les Américains, ou des Boërs
victimes de la rapacité des financiers britanniques.

Il en est des espèces animales et végétales comme des races
humaines inférieures : toutes celles qui ne sont pas directement
utiles à l'homme disparaissent devant les progrès de la civilisation. Les endroits où l'on peut encore admirer la libre expansion
des forces naturelles deviennent de plus en plus rares. Nombre
d'espèces animales ont déjà été détruites sans retour. Les forêts
et les prairies font place à des champs cultivés et à des fabriques.
L'idéal des économistes, qui prêchent l'expansion indéfinie de l'espèce humaine et l'exploitation sans frein des forces naturelles, est
absolument incompatible avec la beauté des choses. Sera-t-on plus
heureux lorsque, sur une terre entièrement en culture, dont la
monotonie ne sera rompue que par des cheminées d'usines, grouil-
lera une population qui ne connaîtra plus la douceur du loisir au
fond des bois ?

. Les Orientaux et les sauvages actuels ignorent notre agitation. Ils savent vivre paisibles au milieu d'une nature amie; il
en était d'ailleurs de même des anciens. Un grand arbre dépasse
en beauté tous les monuments élevés par les hommes. De plus,
les œuvres de la nature, forêts, lacs, montagnes, ont une influence
moralisatrice et apaisante qu'on ne retrouvera plus lorsque l'univers sera complètement industrialisé. Quant à l'hygiène et à l'é-
quilibre naturel des faunes et des flores, il va sans dire que l'intervention de plus en plus violente de l'homme dans le libre jeu des
forces naturelles les compromet gravement.

Si nous revenons aux questions sociales, nous constatons que
le malaise dont souffre toute l'Europe a encore une autre cause
sur laquelle on n'a pas insisté; c'est le mélange des races produit par la facilité des moyens de communication. L'individu
quitte son pays d'origine, vend les biens que lui ont laissés ses
parents et va s'établir dans une ville éloignée. Il y épouse une
femme d'une race toute différente. Ainsi se forment ces familles
hybrides où la juxtaposition d'hérédités contraires n'arrive à don-

ner que des produits dégénérés. L'expérience montre que ces métis sans attache avec le sol, ces *déracinés*, pour employer une expression à la mode, ont un esprit toujours inquiet et sont en général mécontents de leur sort.

On a dit que l'idéal serait de voir les ouvriers et les paysans se livrer à leurs travaux en se récitant du Virgile. Jusqu'à présent, l'instruction, dont les discours officiels s'accordent à vanter les bienfaits, n'a encore produit chez l'homme du peuple que l'orgueil et la présomption. Il s'imagine que les travaux manuels sont avilissants et cherche à faire de ses fils des bureaucrates, de ses filles des institutrices. D'où abandon des campagnes, encombrement des carrières libérales et constitution d'une immense armée de ratés, inaptes à remplir dans la société aucune fonction utile.

Il serait en somme tout à fait injuste de voir tout en beau dans l'œuvre du XIXᵉ siècle. A d'indéniables progrès scientifiques et industriels s'oppose un mouvement de recul très net au point de vue moral et social. Je n'en veux pour preuve que l'augmentation constante de la criminalité, l'âge toujours plus précoce des délinquants, ainsi que leur perversité de plus en plus grande. La bête humaine, dégagée de ses anciennes entraves, reprend tous ses droits, et semble peu disposée à se laisser guider par une morale dépourvue de sanction.

Les problèmes posés sont si nombreux et si complexes qu'il est douteux que le XXᵒ siècle suffise à les résoudre tous. On peut espérer cependant qu'au cours de cette période quelques-unes des questions les plus irritantes seront liquidées, et que la société tendra à recouvrer son équilibre. Nous sommes donc à un grand tournant de l'histoire : sans qu'on puisse encore prévoir au juste ce qui arrivera, on sent que ce siècle nous apportera du nouveau.

Après avoir fait une longue et pénible montée à travers bois, le voyageur, arrivé sur un sommet, voit se dérouler devant lui de vastes horizons dont il a peine tout d'abord à distinguer les traits caractéristiques. Avant de s'engager sur la descente et de pénétrer dans le pays nouveau, il s'assied et jette un regard sur le chemin déjà parcouru. C'est ce que nous allons faire sous la direction du grand philosophe qu'était L. Büchner. Nous verrons

défiler sous nos yeux, dans un résumé vivant, tous les progrès
scientifiques effectués au cours du xix° siècle. Nous examinerons
aussi son rôle dans les questions religieuses, morales et sociales.
Puis, nous tournant vers l'avenir, nous chercherons à discerner
comment ces problèmes pourront être résolus plus tard. Nous
nous rendrons compte des difficultés du chemin et de l'éloigne-
ment du but. Nous reprendrons ensuite notre route. Beaucoup
d'entre nous tomberont dès les premières étapes; mais la marche
générale n'en sera pas arrêtée et nos petits-enfants, parvenus
enfin au terme du voyage, verront sans doute luire l'aube de Justice et de Paix (1).

Dʳ L. LALOY.

Wissembourg (Alsace), 14 septembre 1900.

(1) Je n'ai apporté à l'ouvrage original de M. Büchner que des modifications de détail qui ne changent. rien au sens général de sa pensée.
J'ai supprimé quelques longueurs, de façon à rendre le texte plus clair
et plus précis ; j'ai retranché entièrement le chapitre concernant la médecine naturelle, cette méthode n'étant guère représentée en France. Il
a été remplacé par un alinéa sur le charlatanisme médical, dans le chapitre consacré aux sciences. J'ai dû mettre au point quelques passages
de façon à tenir compte des changements survenus depuis la publication
de l'édition allemande en 1898. Enfin, pour les chapitres concernant la
politique, la sociologie et les arts, j'ai abrégé ce qui concerne l'Allemagne
et j'ai développé proportionnellement les articles relatifs à la France.
J'ai cru cependant devoir reproduire sans changement les paragraphes
concernant la situation respective de la France et de l'Allemagne et la
question d'Alsace-Lorraine. J'ai pensé que les lecteurs me sauraient gré
de leur faire connaître intégralement l'opinion d'un penseur allemand
sur ce sujet. Dans tout le cours de l'ouvrage, les passages modifiés ou
ajoutés par moi ont été signalés par les mots : *Note du traducteur*.

I

INTRODUCTION

Un siècle est bien peu de chose dans l'histoire des civilisations. Il paraît encore moins important si on le compare
aux milliers d'années pendant lesquelles l'homme a vécu à
l'état sauvage sans laisser d'autres traces de son passage
que de grossiers instruments de pierre, de bois ou d'os. Enfin cette période nous paraîtra tout à fait infinitésimale si
nous considérons les millions d'années qui ont été nécessaires pour amener la terre à son état actuel et y permettre
l'épanouissement magnifique de la vie animale et végétale.

Et cependant, combien un siècle nous paraît long lorsque
nous le rapportons à la durée de notre propre existence!
Les générations se renouvellent trois fois pendant cette
période, des villes se fondent, d'autres sont détruites, des
États prennent naissance, d'autres se dissolvent, des hommes
géniaux apparaissent et remplissent le monde du bruit de
leur nom et de leurs actes; après une bien courte phase d'é-
clat ces brillants météores s'éteignent à leur tour. De grands
mouvements politiques et sociaux se produisent, et au bout
d'un siècle toute l'humanité semble modifiée. Ces changements seraient encore bien plus considérables si notre existence individuelle n'était pas si courte, si chaque génération
n'était pas en quelque sorte forcée de recommencer son
éducation depuis la base. C'est là un des grands obstacles
au progrès. L'évolution individuelle aussi bien que celle des
espèces n'est pas continue : sa voie est souvent interrompue

et revient parfois sur elle-même. C'est ainsi que, dans un arbre, chaque branche prend naissance plus bas que le sommet de la branche immédiatement inférieure, et cependant son extrémité s'élève plus haut que celle de cette dernière.

Il en est ainsi dans la nature. Chaque groupe d'animaux ou de plantes se développe autant qu'il lui est possible de le faire; mais il reste en arrière d'autres groupes plus favorisés. L'histoire de l'humanité nous offre maints exemples analogues. Des civilisations dont les monuments excitent encore l'admiration se sont effrondrées sans retour. Si certains penseurs de l'antiquité avaient déjà en quelque sorte deviné les notions qui font l'honneur de la science moderne en revanche bien des idées erronées se sont propagées jusqu'à nous. Bien plus, nous voyons persister à nos côtés les formes les plus primitives du passé de l'humanité. Il y a encore aujourd'hui des hommes qui vivent dans des cavernes, qui dévorent leurs semblables, qui ne connaissent pas les métaux, qui sont imbus des superstitions les plus grossières et qui ne savent pas compter au delà des nombres deux ou trois. Au sein même de la société la plus civilisée on rencontre des individus dont l'intellectualité est aussi peu développée et dont la situation matérielle est au moins aussi mauvaise que celle de leurs ancêtres de la préhistoire.

Si l'on réfléchit combien, chez les nations cultivées, la philosophie, la religion et la morale ont fait peu de progrès, et avec quelle ténacité les erreurs anciennes persistent, on ne s'étonnera pas qu'il y ait des gens qui nient tout progrès et qui n'admettent pas qu'en dehors de certains perfectionnements matériels nous possédions quelque avantage sur nos aïeux. En philosophie, disent-ils, on discute encore suivant la même méthode et avec le même insuccès des problèmes parfaitement insolubles. La théologie n'a pas fait un pas en avant depuis des milliers d'années; on est même en général moins avancé qu'avec les systèmes de Bouddha, de Confucius ou des Égyptiens. En morale, on obéit aux mêmes principes que dans l'antiquité, et l'éthique des stoïciens n'a jamais été dépassée. Le droit repose encore sur les fondements établis par les Romains. Les sciences naturelles elles-mêmes n'ont fait que développer les idées émises par Leucippe, par Épicure et par Lucrèce, dont le célèbre poème renferme en puissance toute la philosophie atomistique et matérialiste de l'époque actuelle.

Quant à la politique, il serait difficile de prétendre que nous soyons parvenus plus loin que les Grecs et les Romains. La poésie, la peinture et la sculpture ont trouvé des modèles impérissables dans l'antiquité classique; l'architecture, d'autre part, a atteint un développement tout à fait remarquable chez les Égyptiens, les Babyloniens, les Hindous, les Mexicains, pour ne pas parler des monuments laissés par les Grecs et les Romains; dans cet art également nous ne faisons qu'imiter.

Malgré toutes ces objections, il n'y a pas lieu de douter de la réalité du progrès. Il faut se rappeler seulement qu'il n'est pas continu et que, d'autre part, la civilisation a certainement gagné en étendue, si, par certains côtés, elle a perdu en intensité. On peut se demander seulement pourquoi elle n'a pas continué à se développer sur les bases jetées par les anciens, et pourquoi elle a subi une interruption de près de quinze siècles. La raison en est dans la destruction de l'empire romain par des hordes barbares, et dans le triomphe d'une conception du monde diamétralement opposée à celles des anciens. La crainte, le dégoût de la nature engendrés par le christianisme ne pouvaient qu'être défavorables à tout développement intellectuel ou matériel, et paralyser les progrès de la science qu'on regardait comme inutiles et même nuisibles.

Cependant, même dans cette sombre période, l'esprit humain ne cessa pas d'exercer son activité et il en résulta de remarquables progrès : victoire définitive du système de Copernic sur celui de Ptolémée, découverte de l'Amérique et enfin renaissance de la pensée humaine qui, au xvie siècle, secoue les entraves de la dogmatique. C'est cependant au

XIX⁰ siècle qu'il était réservé de donner à la recherche scientifique son essor définitif. Nous trouvons alors une telle abondance de découvertes, d'inventions et de progrès de tous genres que toute comparaison avec les périodes précédentes devient impossible. A tout autre moment de l'histoire, une seule de ces découvertes aurait suffi pour immortaliser tout un siècle ; maintenant, au contraire, les progrès les plus importants sont tassés dans un très court espace de temps.

On pourrait s'imaginer que le grandiose essor pris par les sciences a eu pour corollaire des modifications analogues dans la façon dont l'homme envisage l'univers, l'origine et le but de la vie. Par une contradiction remarquable, il n'en est pas ainsi ; à mesure que la science gagnait en étendue et en profondeur, la réaction contre les conséquences de ses principes devenait plus vive. Au xviii⁰ siècle, au contraire, malgré l'insuffisance scientifique de cette époque, il y avait une tendance générale à briser les anciennes barrières et à débarrasser l'esprit humain de ses entraves dogmatiques et traditionnelles.

On sait qu'il règne dans les profondeurs de l'Océan, un calme complèt que ne viennent jamais troubler les tempêtes de la surface. Les organismes qui vivent dans ces abîmes ne se sont pas modifiés depuis les époques les plus reculées, puisque les conditions de leur existence restaient les mêmes. Il en est ainsi dans les sociétés humaines. Les orages politiques, les grands mouvements intellectuels bouleversent la surface et y amènent des modifications continuelles ; au contraire, les masses populaires restent dans une immobilité à peu près complète. Le paysan attaché à la glèbe, l'ouvrier d'industrie lié du matin au soir à son travail monotone, le commerçant ou l'industriel luttant avec les difficultés de la vie n'ont ni le loisir ni l'envie de prendre part aux luttes de leur époque.

Aussi, quand on se représente l'énorme quantité de labeur intellectuel jeté tous les ans sur le marché du monde,

sous forme de livres, de journaux, de discours, etc., on est
effrayé du peu d'influence de ce travail sur la masse de la
population. On peut dire sans exagération que les trois
quarts des écrivains ne produisent que pour eux-mêmes et
pour une infime minorité. A part les poètes et les roman-
ciers, qui ont avec eux le public féminin, les écrivains mêmes
qui ont atteint le succès doivent s'avouer qu'ils ne pénètrent
pas dans la profondeur et qu'ils n'atteignent en réalité que
les couches supérieures de l'humanité.

En ce qui concerne les savants, leurs écrits ne s'adres-
sent en général qu'à leurs collègues et traitent de choses
plus ou moins connues de ceux-ci. Ceux mêmes qui prétendent descendre jusqu'au peuple, et qui cherchent à vul-
gariser la science, ne peuvent d'ordinaire compter sur le
succès que si une découverte frappante vient mettre mo-
mentanément la science à la mode. Des individualités et
des sociétés travaillent sans cesse à éclairer le peuple ;
mais les résultats obtenus sont bien faibles. Avec la diffusion de l'instruction, nous nous imaginons avoir dissipé à
jamais la croyance aux sorciers, aux fantômes et aux miracles. Cependant, les journaux nous apportent constamment
des cas où ces superstitions jouent un rôle, et, d'autre part,
les fantasmagories du spiritisme ont remplacé chez un
certain nombre de gens les croyances anciennes. Dès lors,
à quoi servent toutes les découvertes de la science et leur
diffusion par d'innombrables ouvrages de vulgarisation, si
les quatre cinquièmes de la population restent encore attachés à des croyances condamnées par la raison, et si la majorité des gens instruits préfèrent la vaine phraséologie des
écoles philosophiques au langage clair et précis de la
science? A quoi bon les journaux et les discussions les plus
savantes, lorsque nous voyons le peuple bien loin encore
de la maturité politique et que les corps parlementaires
perdent leur temps en débats stériles, et leur considération
en ne poursuivant que des intérêts personnels? Pourquoi
tous les progrès de l'économie politique, tous les travaux

des philanthropes, si la grande masse des ouvriers obéit sans réflexion ni discernement aux conseils utopiques des socialistes, qui rêvent une organisation nationale du travail et qui leur promettent une sorte de paradis ouvrier qu'ils se gardent d'ailleurs de définir exactement? A quoi servent tous les progrès de la médecine et de l'hygiène, si le premier charlatan venu, le premier berger ignare, se voit consulté par des foules de malades, si les réclames éhontées des empiriques ont plus de succès que la parole des maîtres de la science? Enfin toute l'horreur du Moyen Age ne se retrouve-t-elle pas dans cette forme odieuse de l'intolérance, l'antisémitisme?

Ces phénomènes ne sont pas faits pour mettre un terme à cette tendance pessimiste dont est imprégnée toute notre littérature, ni pour modifier l'opinion d'un certain nombre de bons esprits, qui désespèrent du progrès ou qui regardent le monde comme une vaste maison d'aliénés, à l'amélioration desquels il est inutile et vain de travailler. Mais il est aussi impossible de nier le progrès dans l'histoire de l'humanité que dans la nature, malgré les interruptions et les reculs qu'il a pu subir. Il est incontestable que notre époque renferme des germes innombrables qui n'attendent qu'une occasion favorable pour éclore. En philosophie comme dans la religion, en science théorique et pratique, en politique comme en sociologie, dans la vie intellectuelle et matérielle se préparent de grands changements, qui ne sont que retardés par les conditions éminemment défavorables de notre époque. Peut-être sera-ce l'œuvre du xx° siècle d'établir l'accord entre les progrès scientifiques, d'une part, moraux, politiques et sociaux, d'autre part. Ce serait alors le couronnement d'un édifice dont le xviii° siècle a jeté les fondements, dont le xix° a rassemblé les matériaux, et dont le xx° aurait terminé la construction.

Il semble donc utile, à ce tournant de l'histoire, et à la limite de deux siècles, de jeter un regard en arrière sur ce qui s'est passé dans celui qui vient de s'écouler et, au moyen de ces données, de tirer l'horoscope de celui qui commence.

Avec le développement colossal pris par toutes les branches du savoir humain, il est impossible d'être absolument complet; aussi m'attacherai-je surtout à tracer les grandes lignes de ce tableau plutôt qu'à entrer dans le détail. Il va sans dire que, dans cette revue des progrès de l'esprit humain, la part principale reviendra aux sciences naturelles prises au sens le plus large. Ce sont elles qui ont non seulement modifié toutes nos vues sur la nature qui nous entoure et sur la place que nous y occupons; mais elles ont de plus permis d'innombrables applications industrielles tout à fait imprévues il y a cent ans. Leur influence sur le développement intellectuel des générations futures ne sera pas moins grandiose, dès que les masses populaires seront pénétrées de l'esprit scientifique. Si le XIXe a su accumuler d'énormes masses de matériaux scientifiques, le XXe aura sans doute pour rôle de concilier la science et les mœurs, la vie intellectuelle et matérielle, l'idéal et la réalité, et d'apporter enfin à la pauvre humanité tourmentée de doutes et d'incertitudes cette paix de l'esprit, cet équilibre moral qui lui font défaut depuis si longtemps.

II

LA SCIENCE

Astronomie. — Physique. — Chimie. — Géologie. — Paléontologie. — Anatomie. — Anatomie comparée. — Embryologie. — Physiologie. — Zoologie. — Botanique. — Biologie. — Anthropologie préhistorique. — Ethnologie et Géographie. — Psychologie. — Médecine. — Industrie. — Sciences historiques.

Siècle du réveil intellectuel, — siècle de la science, — siècle de conciliation, — c'est ainsi que, dans notre introduction nous croyions pouvoir caractériser les XVIIIᵉ, XIXᵉ et XXᵉ siècles. Si, pour ce dernier, nous empiétions sur l'avenir, en revanche personne ne refusera au XIXᵉ siècle le titre de scientifique. Car dans cette période les progrès de nos connaissances, et ceux de notre pouvoir sur la nature ont été si considérables et ont eu lieu en un espace de temps si restreint qu'à ce point de vue aucun des siècles passés ne peut lui être comparé. Si, parmi ces progrès, aucun n'égale en valeur générale le triomphe du système de Copernic ou la découverte de l'Amérique, du moins surpassent-ils, pris dans leur ensemble, tout ce qui avait été fait jusqu'alors. D'autre part, il ne manque pas de savants pour penser que la destruction de l'erreur anthropocentrique, qui était réservée à notre siècle, n'a pas moins d'importance que celle de l'erreur géocentrique, qui avait régné si longtemps au grand détriment du progrès intellectuel.

Si l'on se demande quelles sont les sciences qui ont le plus progressé au cours du XIXᵉ siècle, la réponse ne sau-

rait être douteuse. Ce sont celles qui avaient le plus à souffrir des conceptions erronées du Moyen-Age. En effet, tant
que la nature n'était pas considérée comme un appui, mais
comme un obstacle à tout essor des esprits, son étude ne
pouvait réussir, ou bien elle devait forcément dégénérer en
alchimie, en astrologie, en recherche de la pierre philoso-
phale, et en sorcellerie. Il y avait un mépris général
de la science et un véritable fanatisme de l'ignorance.
« A quoi sert, écrit Lactance, de savoir où le Nil prend sa
source, ou ce que les physiciens racontent au sujet des
astres? » Il est indifférent à ce père de l'Église de savoir
si le soleil est grand ou petit, si les étoiles sont fixes ou
non. Quant à l'affirmation que la terre est ronde, elle lui
semble l'œuvre d'un mauvais plaisant. « Ce n'est pas par
ignorance, écrit le patriarche grec Eusèbe, que nous mé-
prisons ces choses, mais parce que nous dédaignons ce
travail tout à fait inutile, en consacrant notre âme à des
objets meilleurs. » Toute science humaine n'était considérée
que comme un obstacle à la vie religieuse, ou comme des
« folies et des plaisanteries », suivant l'expression de Da-
miani, chancelier du pape Grégoire VII. Les recherches
anatomiques étaient interdites à cause du dogme de la
résurrection des corps; les prières, les conjurations et le
contact des reliques remplaçaient le traitement médical.

On sait que, par crainte des autorités ecclésiastiques,
Copernic dut tenir cachée pendant trente ans sa magnifique
découverte de la rotation des corps célestes, et que lorsqu'elle fut enfin publiée elle fut condamnée et interdite
comme hérétique. L'usage du télescope fut également condamné, parce que cet instrument permettait à l'homme de
voir plus loin que Dieu ne l'avait voulu en organisant son
œil. C'est d'ailleurs justement le télescope qui mit fin à l'erreur géocentrique en montrant que la terre avec ses habitants était bien loin d'être le centre de l'univers. Mais il
était réservé au XIXᵉ siècle de couronner cet édifice scien-

tifique en fondant l'*astronomie physique*, qui nous a renseignés sur la constitution physique et chimique des corps
célestes. C'est en 1859 que Kirchhoff et Bunsen découvrirent
l'analyse spectrale. Après nous avoir appris la composition
du soleil, cette science, jointe à l'étude des étoiles doubles,
nous a montré l'unité de l'univers visible au point de vue
de ses substances constituantes, des forces qui y entrent en
jeu et des lois auxquelles elles obéissent.

Le perfectionnement des lunettes astronomiques et des
télescopes nous a permis de jeter un regard jusque dans les
profondeurs les plus insondables de l'univers. Aidés par la
photographie, ces instruments nous ont révélé l'existence
d'une immense quantité d'étoiles encore inconnues, dont
beaucoup surpassent notre soleil en grandeur.

Plus importante encore est la découverte de ces nébuleuses
composées de masses gazeuses incandescentes, animées d'un
mouvement de rotation. Ce sont des systèmes solaires en
voie de formation; leur existence donne à la théorie de Kant
et Laplace sur l'origine de ces systèmes un grand degré de
probabilité. L'une des plus remarquables de ces nébuleuses
est celle d'Andromède, qui est d'ailleurs visible à l'œil nu.
Son image photographique obtenue par l'astronome anglais
Roberts montre les diverses phases de ce développement.

Les instruments astronomiques modernes nous ont également renseignés sur la constitution de la surface lunaire. On
peut dire que la sélénographie de la face de notre satellite
tournée de notre côté est plus avancée que la géographie de
certaines régions de la terre. Il en est de même, avec quelques restrictions, des découvertes faites à la surface de la
planète Mars. La signification des formations aperçues
nous est d'ailleurs encore inconnue. On sait que, d'après certains astronomes, elles pourraient être l'œuvre d'êtres doués
de raison.

C'est au xixᵉ siècle également qu'appartient la découverte
de la planète Neptune. On peut la considérer comme un des
plus grands triomphes de l'astronomie, puisque le calcul

mathématique démontrait l'existence d'un corps céleste que le télescope ne découvrit qu'en 1846 avec Leverrier et Gall.

De même en se basant sur les mouvements particuliers de la magnifique étoile fixe Sirius et sur les lois de la gravitation, on avait reconnu qu'il s'agissait d'une étoile double, vingt ans avant que Clark, de Boston, ne réussît, le 31 janvier 1862, à découvrir le satellite en question. Cette découverte fut l'argument le plus puissant en faveur de la vérité universelle de la loi d'attraction des masses.

Le xixᵉ siècle vit s'augmenter dans de fortes proportions le nombre des petites planètes ou astéroïdes ; il s'élève maintenant à plus de quatre cents. Or, on sait qu'au début du siècle le philosophe Hegel avait déclaré, en se basant sur des raisons spéculatives, que, dans l'espace situé entre Mars et Jupiter, il ne pouvait pas exister d'autre planète. Ce philosophe ignorait d'ailleurs aussi totalement l'astronomie que son précurseur Fichte, qui allait jusqu'à dire, en 1794, que la science arriverait à déduire la structure des plantes et le mouvement des corps célestes d'un principe fondamental, indépendamment de toute observation. Cette prédiction n'est pas près de se réaliser. Comme on devait s'y attendre, le grand philosophe finit par tomber dans le mysticisme.

Enfin l'étude des météorites est tout entière du xixᵉ siècle. On sait en effet que, jusqu'à la fin du siècle précédent, les récits concernant ces chutes de pierres étaient considérés comme fabuleux et qu'au sein même de l'Académie française Lavoisier avait coupé court à toute discussion en affirmant qu'il n'y avait pas de pierres dans le ciel et que, par suite, il ne pouvait en tomber sur la terre. Ce fut seulement la chute de Laigle en Normandie, en 1804, qui convainquit les plus incrédules. Plus tard, Chladni reconnut la véritable nature des météorites. Composées de fer et d'autres minéraux elles nous donnent les plus précieux renseignements sur la constitution des planètes, dont elles ne sont probablement que des fragments, et, par analogie, sur celle des couches profondes de notre globe. Leur étude est un des chapitres les plus intéressants d'une science toute nouvelle que M. Stanislas Meunier (1) a appelée la *géologie comparée*.

Avant d'abandonner l'astronomie, rappelons que la photographie a été utilisée au service de cette science et qu'elle lui a permis d'obtenir des résultats dont on comprendra seulement la valeur plus tard, notamment au point de vue de l'établissement de la carte du ciel et de l'étude des mouvements relatifs des étoiles.

A côté de l'astronomie vient tout naturellement se placer la *physique*, et, avec elle, ce grand principe de la conservation de la force, qui imprègne comme un souffle vivifiant toutes les sciences modernes et qui peut être mis de pair avec les plus grandes découvertes de tous les temps. Soupçonné dès 1837 par Fr. Mohr, il fut confirmé en 1842 par R. Mayer et par Joule, qui avaient travaillé indépendamment l'un de l'autre. On ramena d'abord la chaleur au mouvement et on calcula son équivalent mécanique; puis on étendit le même principe à toutes les forces de la nature qui se réduisirent toutes au mouvement, éternel et unique dans son essence, varié dans ses modalités. On en conclut que la somme de toutes les forces existantes est aussi constante que la totalité de la matière et qu'il ne peut se perdre aucune parcelle de force, de mouvement ou de matière : seules les combinaisons peuvent varier. L'éternité de la matière ou des atomes, dont l'éternité de la force n'est qu'une conséquence, avait déjà été démontrée par Lavoisier à la fin du xviiie siècle, par l'introduction de la balance dans la chimie. Aussi le principe aurait dû déjà être découvert à cette époque. Mais il est plus facile de peser de la matière que de mesurer des forces et ce n'est que près d'un demi-siècle plus tard qu'on eut la confirmation expérimentale de cette grande loi de la nature. Actuellement, comme le prédisait Fr. Mohr, elle est devenue la pierre angulaire de tout enseignement; et, à l'exception de l'histoire naturelle pure-

_____

(1) Note du traducteur.

ment descriptive, il n'y a guère de domaine scientifique où ne se fasse sentir l'influence de ce principe.

Nous nous rendrons compte de son importance si, considérant toutes les forces agissant sur notre globe terrestre, nous voyons que leur origine première est dans les radiations solaires. Quoique la terre ne reçoive qu'une partie tout à fait infime de la chaleur que le soleil rayonne dans toutes les directions, cette quantité suffit pour rendre possibles et pour entretenir tous les mouvements, tous les phénomènes physiques, chimiques ou vitaux qui se produisent sur notre globe. La force qui entraîne la locomotive sur les rails a pour origine un rayon de soleil qui, dans un lointain passé, a fait croître des plantes; celles-ci, enfouies sous terre, s'y sont lentement carbonisées. Lorsque l'homme extrait la houille et l'utilise pour ses besoins industriels, il ne fait que rendre à nouveau apparente cette chaleur emmagasinée dès les premiers âges du globe. D'ailleurs lui-même ne peut se livrer à aucun travail physique ou même intellectuel, qui ne soit, en dernier ressort, de la chaleur solaire transformée.

La théorie cinétique des gaz, découverte par Clausius et Maxwell, constitue également un grand progrès de la physique. Elle nous fait saisir l'extrême division de la matière, et la rapidité inconcevable de ses mouvements internes. D'après les données des physiciens, un dé à coudre rempli de gaz renferme au moins 6 trillions de molécules ou groupements d'atomes, qui, à une vitesse seulement modérée, se choquent 4700 millions de fois à la seconde. D'après Clerk-Maxwell, l'être vivant le plus petit que puisse faire voir le plus fort microscope contient encore 1 million (d'après Tait 2 millions) de molécules. D'autre part, l'éther donne, avec 700 à 800 milliards de vibrations à la seconde une sensation lumineuse à notre œil. Ces vérités, et bien d'autres que nous ne pouvons énumérer ici, sont tout aussi inconcevables pour notre entendement que l'éternité du temps et l'infini de l'espace. En tous les cas, elles ont complètement modifié nos vues sur l'état élémentaire de la matière.

Il faudrait maintenant parler de cette force nouvelle, l'électricité, qui n'a réellement été découverte qu'au cours de notre siècle, et dont la mise en valeur promet pour l'avenir les plus brillants résultats. Mais ces applications rentrent plutôt dans le domaine industriel et nous n'avons pas à nous en occuper ici. En revanche, la découverte, faite par Hertz, des rapports étroits entre les ondes électriques et lumineuses est de la plus haute importance scientifique.

Il en est de même de la mémorable découverte des rayons de Roentgen, qui permettent à notre œil de voir à travers les corps opaques. On ne peut encore se rendre compte des résultats que donnera cette méthode lorsqu'elle aura été perfectionnée; en tous les cas, en médecine, elle a déjà rendu les plus grands services.

Non moins remarquables sont les succès obtenus à une époque toute récente dans la liquéfaction et la solidification des gaz les plus stables. Ces procédés trouveront certainement des applications pratiques; il en est d'ailleurs déjà ainsi de l'acide carbonique liquide.

Si l'on ne tient pas compte d'innombrables petites découvertes importantes pour l'industrie et pour la médecine, on voit que la *chimie* a fait, avec Liebig, un progrès considérable, lorsqu'en 1848-1855 ce savant découvrit les rapports des échanges nutritifs chez les plantes et chez les animaux. Les conséquences de ce progrès ont été des plus fructueuses en physiologie, en médecine et en agriculture. L'ancienne division en chimie organique et inorganique n'existe plus que pour la commodité de l'enseignement. On trouve dans ce qu'on appelle la nature morte et dans la matière organisée les mêmes substances, les mêmes forces obéissant à des lois identiques. Aussi ne faut-il pas s'étonner de voir réussir les expériences de synthèse de substances organiques inaugurées dès 1856 par Berthelot. On prépare maintenant de toutes pièces par des méthodes purement chimiques toute une série de corps organiques, des alcools, des éthers, du glucose, divers acides, des graisses, des matières amylacées, des alcaloïdes, des huiles essentielles. On espère même, avec le temps, réussir à produire des substances albuminoïdes, peut-être même du protoplasma, cette substance primordiale, support de toute vie animale ou végétale (1). Le but de la chimie serait, comme le dit Berthelot, de préparer, par les procédés mêmes de la nature, toutes les substances qui se sont produites depuis l'origine même des choses.

Si les espérances des chimistes se réalisaient, on pourrait fabriquer de toutes pièces des substances alimentaires, transformer la cellulose du bois en amidon et par suite en pain ; ce serait, on en conviendra, une révolution sociale de la plus haute portée. En tous les cas, la chimie a montré ce qu'on peut obtenir d'elle en tirant du goudron de houille des couleurs, des parfums, des matières sucrantes et des médicaments.

Parmi les progrès les plus récents de la chimie, il faut citer la découverte de nouveaux gaz de l'air, la fabrication industrielle de l'acétylène, gaz d'éclairage six fois plus puissant que celui qu'on tire de la houille, enfin la préparation d'un certain nombre de substances précieuses, du rubis et même du diamant au moyen du four électrique de Moissan. C'est là de la géologie expérimentale puisque ces expériences nous permettent de comprendre comment ces substances se sont formées au sein de la terre.

Le principal progrès de la *géologie* a été le renversement par Lyell (1830-1833) de la théorie des cataclysmes et des créations successives qui régnait jusqu'alors. Le présent de la terre nous rend absolument compte de son histoire passée. Nous voyons à l'œuvre les mêmes forces qu'autrefois ;

(1) Pour les propriétés et la nature du protoplasma, voir mon ouvrage actuellement sous presse : *la Vie, son origine, son évolution,* Paris, Schleicher. Ces propriétés font du protoplasma une substance à part et ne permettent guère d'espérer qu'on puisse jamais le préparer de toutes pièces (*Note du traduct.*).

seulement leur action est si lente qu'elle est difficile à observer directement. D'ailleurs, le temps ne fait pas défaut pour expliquer l'évolution de la terre; car les estimations de l'âge de celle-ci, comme astre indépendant, varient de 2.000 à 6.000 millions d'années. La seule formation de ses couches corticales a exigé environ 100 millions d'années. D'autre part, la découverte des formations laurentiennes a totalement modifié nos vues sur l'origine de la vie. On objectait jusqu'à présent à la théorie de l'évolution, la perfection et la différenciation des formes animales trouvées dans les couches siluriennes les plus anciennes. Ce n'est plus là une difficulté : car la vie a dû commencer dans le cambrien et le laurentien, et, à en juger d'après l'épaisseur de ces couches, elle y a évolué pendant une durée plus longue que celle qui s'est écoulée depuis. D'ailleurs, nous ne verrons jamais les restes des premiers êtres, leur corps était trop mou pour pouvoir se conserver. Ce n'est qu'à partir du moment où ils se sont entourés d'une coquille calcaire ou siliceuse, que leur fossilisation est devenue possible. En somme, la première apparition de la vie organique ne doit plus nous apparaître comme un miracle, mais bien comme un phénomène rentrant dans une série d'autres phénomènes naturels. Bien entendu, il faut mettre résolument de côté toute l'ancienne géologie théologique, et notamment l'histoire de la création il y a 6000 ans. Tout essai de conciliation entre la Genèse et la science doit être regardé comme vain.

La *paléontologie* n'est devenue une science véritable qu'au cours de notre siècle. Auparavant régnaient les idées les plus saugrenues sur les fossiles contenus dans les divers terrains. Actuellement, cette science a fait assez de progrès pour nous permettre une vue d'ensemble sur le développement progressif de la vie organique; beaucoup même des formes de passage réclamées par la théorie de l'évolution ont été découvertes. C'est ainsi que M. Dubois (1) a trouvé

(1) Note du traducteur.

récemment à Java les débris d'un être qui, par l'ensemble de ses caractères, constitue un intermédiaire véritable entre l'homme et le singe. Le *Pithecanthropus erectus*, qui vivait à l'époque pliocène, est l'anneau le plus important de la chaîne qui relie l'homme aux autres Mammifères (1).

A l'*anatomie* se rattache une des découvertes les plus remarquables des sciences biologiques, celle de la cellule comme élément primordial de tous les êtres organisés. Elle fut faite en 1839 par Schwann et Schleiden, après que le microscope eut été assez perfectionné pour permettre l'étude de la structure intime des tissus. La découverte de la cellule montra l'unité de toute la nature vivante, puisque les organismes les plus compliqués ne sont eux-mêmes que des agrégats de cellules plus ou moins modifiées. C'est en 1859 que Virchow appliqua la théorie cellulaire à la médecine : cette science nouvelle ou pathologie cellulaire voit l'origine de toutes les maladies dans des modifications des éléments des tissus. Le même savant a établi la fameuse proposition : *Omnis cellula a cellula,* toute cellule provient d'une autre cellule préexistante. Ce principe doit, jusqu'à nouvel ordre, être regardé comme une pierre angulaire de la science moderne.

La continuité de la nature vivante ainsi établie reçut une nouvelle confirmation à la suite des progrès de l'*anatomie comparée,* qui réussit à établir jusque dans ses plus infimes détails le plan de structure des Vertébrés, et à montrer qu'il n'y a entre l'homme et les autres animaux que des différences de degré. Il est surtout important de noter que le cerveau ou organe de la pensée ne fait pas exception à cette règle, et que chez tous les Vertébrés, l'homme compris, il est construit sur un même plan. Un certain nombre de savants

(1) Voir à ce sujet : E. HAECKEL, *État actuel de nos connaissances sur l'Origine de l'Homme.* Traduit par le Dr L. Laloy. Paris, Schleicher frères , 1900.

avaient essayé autrefois de trouver des différences fondamentales entre la structure du cerveau de l'homme et celui
des animaux. Ces tentatives ont été abandonnées par leurs
auteurs mêmes.

Enfin l'unité de la nature vivante fut encore confirmée
par les progrès de l'*embryologie*, qui nous montre, dans le
développement de chaque individu, une sorte de résumé
de l'évolution paléontologique de son espèce.

D'ailleurs la découverte de la cellule comme forme primordiale de toute vie organique était encore loin de satis-
faire les esprits philosophiques. La cellule est en effet un
organisme beaucoup trop élevé et trop compliqué pour qu'on
puisse penser que c'est sous cette forme que la vie s'est
pour la première fois manifestée. Les difficultés devinrent
bien moindres lorsque, en 1863, Max Schulze eut découvert le protoplasma. Cette substance, qui se retrouve dans
tous les êtres vivants et sans laquelle la vie est impossible,
n'a par elle-même aucune forme définie. Les monères de
Haeckel ne sont que des gouttelettes de ce protoplasma; ce
type tout primitif n'a dû se transformer en cellules véritables qu'après une longue série évolutive. D'ailleurs, la monère elle-même est un produit déjà différencié dans la série
qui va du règne inorganique à celui de la vie. Naegeli va
même jusqu'à dire que la différence est plus grande entre
la masse plasmatique réellement primordiale et la monère,
qu'entre celle-ci et le mammifère.

La *physiologie*, ou étude du fonctionnement des organes, est en un rapport étroit avec l'anatomie comparée et
l'embryologie. Ici nous voyons d'abord K. E. von Baer
découvrir, en 1827, l'œuf des mammifères dans l'ovaire
même. Bientôt après, en 1844, Th. Bischoff élucide les phénomènes les plus obscurs de la fécondation et de la conception. On vit dès lors que tous ces phénomènes jusque-là
inexplicables reposent sur une base matérielle relativement

simple, et que tous les êtres vivants un peu élevés en organisation proviennent du contact de deux cellules, l'une femelle (ovule, oosphère), l'autre mâle (spermatozoïde, an-
thérozoïde, pollen). On était alors en possession du grand
principe de l'hérédité cellulaire, c'est-à-dire de la dépendance immédiate et matérielle du générateur et de sa descendance. D'ailleurs les éléments sexuels sont d'une telle
petitesse que la transmission, par leur intermédiaire, des
qualités physiques et morales des deux générateurs est un
des problèmes les plus difficiles à comprendre (1). Quoi
qu'il en soit, la découverte des phénomènes intimes de la
reproduction est une des plus importantes de notre siècle,
car un très grand nombre de problèmes s'y rattachent.
Outre la question de l'hérédité, l'étude de ces phénomènes
nous renseigne sur le rôle des différents organes cellulaires
et nous fait entrevoir sous un jour nouveau le problème de
l'essence même de la vie. Il va sans dire que toutes ces
questions sont encore loin d'avoir reçu leur solution définitive.

C'est en 1848 qu'eurent lieu les recherches de Du Bois-
Reymond sur l'électricité animale, et qu'il démontra que le
nerf n'était pas seulement conducteur, mais producteur d'é-
lectricité, et que celle-ci provenait de phénomènes chimiques et de transformation d'énergie latente en force vive ou
mouvement. Les courants électriques du nerf diminuent
d'intensité ou disparaissent dès qu'il entre en activité, ce
qui prouve que la force nerveuse n'est que de l'électricité
modifiée. D'ailleurs, le nerf en état d'activité produit constamment de nouvelles quantités d'électricité, mais elles se
transforment au fur et à mesure en d'autres modes de mouvements.

On sait d'autre part que le principe nerveux se propage
avec une vitesse relativement très faible, ce qui le diffé-

----

(1) Voir Y. Delage, *la Structure du protoplasma et les théories
sur l'hérédité.* Paris, Schleicher frères.

rencie nettement de l'électricité. Cette vitesse n'est que de 30 à 60 m. à la seconde. Aussi faut-il à une baleine au moins 1 seconde pour que la douleur causée par un coup de harpon donné à sa queue arrive jusqu'à son cerveau. Il s'écoulera encore un peu de temps jusqu'à ce que celui-ci ait perçu cette douleur, puis il faudra encore 1 seconde jusqu'à ce que la queue ait reçu de lui l'ordre de mouvement qui répondra au coup de harpon.

Cette lenteur du principe nerveux a pu être constatée également dans le domaine psychique. Aussi l'expression : « rapide comme la pensée, » ne doit-elle plus être prise à la lettre. De curieuses expériences ont montré que la pensée la plus rapide dont nous soyons capables occupe toujours 1/8 à 1/10 de seconde. Naturellement, comme tout autre phénomène organique, la pensée s'accompagne de production de chaleur : les expériences de Schiff ont montré qu'il en est ainsi non seulement pour toute sensation qui arrive au cerveau, mais pour toute activité purement intellectuelle. Tout le monde sait d'ailleurs que lorsqu'on se livre à un travail intellectuel intense la tête devient brûlante.

Ces études conduisent aux conclusions théoriques et pratiques les plus importantes en ce qui concerne la question de l'âme. Le spiritualisme, qui régnait en maître autrefois, perd une à une toutes ses positions.

Dès qu'on eut reconnu que le cerveau est l'organe de l'âme et le siège de toute activité intellectuelle, son étude anatomique et physiologique fit les progrès les plus rapides. On constata dans l'écorce grise la présence de 500 millions à 1 milliard de cellules nerveuses disposées en 6 à 8 couches différentes et pourvues chacune d'une dizaine de fibres ramifiées. Ce nombre de cellules est amplement suffisant pour les besoins de l'intelligence même la plus développée. Il y a même certainement des cellules inutilisées, de sorte que l'humanité paraît capable d'un progrès intellectuel presque indéfini sans que cependant le volume de l'encéphale ait besoin de croître proportionnellement.

Au point de vue physiologique il convient de noter surtout les travaux de Schiff, Ferrier, Munk, Nodnagel, Hitzig, Fritsch, Broca, Flechsig, Mathias-Duval, sur les localisations cérébrales, sur le fonctionnement général du cerveau et sur les mouvements amœboïdes des prolongements des cellules nerveuses. Ces recherches sont d'ailleurs encore loin d'être terminées. C'est la découverte du centre de la parole, en 1861, par Broca, qui eut le plus d'importance dans cet ordre d'idées. D'une part elle montrait un exemple typique d'une fonction localisée dans un territoire très restreint de l'encéphale, dont la destruction provoque l'aphasie. D'autre part, elle rend compte pourquoi les grands anthropoïdes, dépourvus de ce centre cérébral, ne parlent pas, malgré la ressemblance de leur larynx avec celui de l'homme.

Les études toutes récentes de Flechsig sur les centres cérébraux d'association n'ont pas moins d'importance. Elles prouvent notamment que toute pensée a pour origine la sensation, puisque c'est seulement avec le développement progressif de ces centres que l'association des diverses sensations et, avec elle, la pensée et l'intelligence deviennent possibles.

Les rapports physiologiques de l'écorce cérébrale avec les noyaux gris situés à l'intérieur de l'encéphale et dans la moëlle épinière sont mieux compris maintenant qu'on connaît le trajet des fibres qui les relient. On a vu que toute l'activité psychique se réduit en somme à un mécanisme réflexe relativement simple, auquel sont préposés des centres d'importance variable. Ce n'est que quand l'arc réflexe passe par les centres supérieurs qu'il s'accompagne de conscience.

La *zoologie* a fait d'innombrables acquisitions de détail. Ses plus grands progrès sont dus à l'établissement de stations maritimes et aux sondages en mer profonde. Ce sont les connaissances acquises de la sorte qui permirent à

Haeckel de fonder sa théorie de la gastréa, d'après laquelle toutes les espèces animales ont une forme ancestrale commune d'une grande simplicité. Ce sac a double paroi, ou estomac primitif, se retrouve au commencement du développement embryonnaire de tous les métazoaires.

La *botanique* (1) a vu se fixer la classification, les espèces actuelles se rattacher aux espèces disparues et le nombre des espèces connues augmenter dans de fortes proportions. C'est aussi, en partie du moins, à cette science qu'il faut rattacher les études sur les êtres très petits, microbes, bactéries, levures, qui ont été l'occasion de grands progrès en médecine et dans l'industrie.

La *biologie* a pris naissance au XIXᵉ siècle, lorsque la théorie de la descendance fut définitivement admise. Il ne faut d'ailleurs pas confondre l'évolutionisme avec le darwinisme. Si celui-ci est nouveau, la théorie de la descendance est au contraire très ancienne et a déjà été soutenue par des philosophes grecs et romains, tels qu'Empédocle et Lucrèce. Darwin a donc surtout eu le mérite d'étayer cette doctrine sur des preuves scientifiques sérieuses. Il a d'ailleurs toute une série de précurseurs, et notamment Lamarck, qui vivait au commencement du siècle, et dont la théorie, basée sur l'influence du milieu, a été trop oubliée ; on tend d'ailleurs à y revenir. L'originalité de Darwin consiste à avoir attiré l'attention sur l'extrême importance de l'hérédité et d'avoir montré comment des phénomènes en apparence voulus peuvent s'expliquer sans aucune finalité, par le simple jeu de l'adaptation.

Les découvertes de l'*anthropologie* se rattachent intimement à la théorie de la descendance. L'existence de l'homme fossile et l'antiquité de l'espèce humaine ont été démontrées.

(1) Note du traducteur.

C'est de 1830 à 1840 que s'ouvrit l'ère de ces recherches par la découverte de haches de silex faite dans la vallée de la Somme par Boucher de Perthes. Depuis, les études sur la préhistoire de l'espèce humaine ont eu la faveur du monde savant, et, en très peu de temps, on vit naître toute une littérature sur ce sujet. Les découvertes se succèdent avec rapidité. Elles ont donné lieu à la création d'une science nouvelle, l'archéogéologie, qui relie l'archéologie à la géologie. Elle nous apprend que l'existence de l'homme sur la terre doit être reculée à une période lointaine dont l'antiquité n'a rien de commun avec les âges historiques. Mais d'autre part si on compare cette antiquité de l'espèce humaine à la durée des périodes géologiques, on s'aperçoit que l'homme est apparu sur la terre à une époque relativement toute récente.

Ces études sur les origines de l'espèce humaine ont été complétées par l'*ethnologie*, dont les progrès ont été facilités par le développement des moyens de communication. La connaissance plus exacte du genre de vie des peuplades primitives a permis de se représenter par analogie le mode d'existence de nos ancêtres préhistoriques.

En même temps la *géographie* nous faisait de mieux en mieux connaître la surface de notre planète. Au début du siècle, l'intérieur du continent noir était à peu près ignoré. Les efforts des voyageurs et des missionnaires et les annexions de territoires par les nations européennes ont complètement modifié cet état de choses. L'existence de races naines au cœur de ce continent a été définitivement établie. On se rappelle que certains peuples de l'Extrême-Orient, les Andamans, les Negritos, etc., sont également de très petite taille et vivent dans un état de sauvagerie complète. D'autre part, d'après les recherches de M. Kollmann au Schweizersbild, près de Schaffhouse, il semble établi que des pygmées existaient autrefois en Europe. Si l'on rapproche tous ces faits, on est porté à admettre que les premiers hom-

mes étaient de petite taille et que les races naines actuelles
ne sont que les débris de cette race primitive, qui ont per-
sisté dans quelques stations privilégiées. Il est vrai (1) que
cette hypothèse ne cadre guère avec ce fait que le *Pithecanthropus erectus*, dont nous parlions tout à l'heure, était de
haute taille. On voit combien toutes ces questions d'origine
sont encore obscures, et combien il faut se garder de conclusions trop hâtives.

La *psychologie* se relie tout naturellement à l'anthropologie. On se rend compte, en effet, maintenant qu'elle ne
rentre pas dans le cadre de la philosophie, mais dans celui
des sciences naturelles ou que du moins elle doit utiliser les
procédés de ces dernières. C'est grâce à l'emploi de ces méthodes qu'on a pu mesurer la durée de la pensée. On commence
aussi à mieux connaître l'âme des animaux, ce qui nous donne
les rudiments d'une psychologie comparée. L'ancienne
théorie de l'instinct, qui considérait toute recherche dans ce
domaine comme inutile, a subi le sort de la théorie de la force
vitale : toutes deux ont été mises de côté, parce qu'elles ne
renferment que des mots vides de sens. Il y a en réalité des
instincts, mais ce ne sont que des facultés ou dispositions
cérébrales qui se sont fixées peu à peu par l'hérédité aidée
de la sélection naturelle. Le mot ne s'applique d'ailleurs pas
seulement à l'animal, mais aussi à l'homme. Celui-ci a seulement plus d'intelligence et moins d'instinct que les autres
animaux ; il y a d'ailleurs d'innombrables degrés entre les
espèces animales occupant le haut de la série et les proto-
zoaires, chez lesquels la conscience ne peut être que bien
rudimentaire. En tous les cas, il n'y a que des différences
relatives et non absolues entre l'âme humaine et l'âme
animale. Toutes les facultés psychiques de l'homme se rencontrent à un état plus ou moins parfait chez l'animal ;
parfois elles sont même plus développées dans une espèce
animale donnée que chez l'homme.

(1) Note du traducteur.

Enfin la psychologie moderne nous a fait connaître le dédoublement de la personnalité, l'hypnotisme et la suggestion. Tous ces phénomènes si curieux jettent sur la vie de l'esprit une lumière bien plus vive que les plus volumineux ouvrages de l'ancienne psychologie, basés seulement sur l'observation interne et sur l'adoration du moi. Malheureusement ces phénomènes ont en même temps fourni des aliments à ce besoin de surnaturel dont souffrent certains esprits et donné lieu à des rêveries spiritualistes et spirites dépourvues de tout fondement : action à distance, divination, transmission de la pensée, rapports magnétiques, croyance à des esprits immatériels, etc. En revanche, la suggestion a montré à combien d'influences extérieures est soumise la volonté de l'homme que l'on croit cependant libre. Ce n'est que par des expériences de cette nature qu'on mettra fin aux discussions auxquelles a donné lieu le libre arbitre. Sans vouloir aller aussi loin que certains anthropologistes italiens pour lesquels le « type du criminel » se confond avec celui du sauvage, on ne saurait nier que la nouvelle psychologie a eu une grande influence sur la morale et la criminologie ; d'ailleurs, ses conséquences pratiques ne se développeront que peu à peu.

La *médecine* a également fait, au XIX\ siècle, de remarquables progrès. C'est d'abord, en 1819, Laënnec, qui invente l'auscultation, en même temps que Piorry perfectionnait la percussion. Plus tard, Rokitansky fondait l'anatomie pathologique et Virchow l'histologie pathologique. Ces découvertes firent de la médecine une science véritable. D'autre part, en 1850, A. Wood inventa les injections souscutanées ; cette méthode a pris depuis lors une très grande importance. La découverte des microorganismes pathogènes eut une énorme influence sur les progrès de la médecine et surtout de la chirurgie. Celle-ci fut complètement rénovée par l'emploi des antiseptiques et des anesthésiques. D'autre part, la connaissance de leurs causes permet dans

bien des cas d'éviter les maladies infectieuses. La médecine
a profité également de l'invention d'une quantité de remèdes
nouveaux et de certaines méthodes : massage, électrothéra-
rapie, qui n'ont pas encore donné tout ce qu'on peut en
attendre. En ce qui concerne les médicaments, les fabriques
de produits chimiques en lancent tous les jours de nouveaux
sur le marché. Bien peu de ces produits tirés du règne
minéral ou dérivés de la houille paraissent appelés à un
avenir sérieux. En revanche, les alcaloïdes végétaux constituent un véritable progrès de la pharmacologie moderne.

La vaccination, qui tend à se généraliser, est plutôt du
domaine de l'hygiène. On en a déduit une méthode nouvelle de traitement, la sérothérapie, qui, sans être d'un
emploi général, donne cependant d'excellents résultats dans
certaines des maladies les plus graves, la diphtérie et la
peste, par exemple. La vaccination antirabique (1) de Pasteur
et le traitement des morsures de serpents par la méthode
de Phisalix rentrent dans le même ordre d'idées. Enfin,
nous avons déjà indiqué le profit que la médecine et la chirurgie ont tiré de l'emploi des rayons X.

On voit donc que c'est à tort qu'on a prétendu que la
médecine n'a pas fait de progrès. Comme elle n'est pas une
science exacte, on ne saurait attendre d'elle des résultats
aussi précis que dans les autres ordres de connaissances.
Mais elle a profité de tous les perfectionnements des
méthodes d'investigation, et elle tend à devenir de plus en
plus précise dans le diagnostic et dans le traitement à appliquer. Ses progrès sont du reste souvent arrêtés par l'ignorance du public lui-même, qui refuse la thérapeutique rationnelle proposée par le médecin pour recourir au traitement
bizarre et coûteux du charlatan ou de l'empirique. Alors que
pour devenir un médecin capable il faut de longues années
d'étude, il semble au public tout naturel qu'un prêtre, un
berger, un ancien cocher se transforment en thérapeutes,

(1) Note du traducteur.

et prétendent diagnostiquer d'intuition des maladies qu'ils ne connaissent pas, et les traiter par des remèdes qu'ils connaissent encore moins. Les irréguliers de la médecine sont légion : rebouteurs, masseurs, magnétiseurs, adeptes de la médecine naturelle ou du dermothérapisme, pharmaciens donnant des consultations dans leur arrière-boutique, spécialistes dont les réclames s'étalent aux quatrièmes pages des journaux ou dans certains endroits publics, tous cherchent à vendre leur orviétan et empêchent le malade de suivre le traitement rationnel qui l'aurait guéri. Ce n'est évidemment que par la diffusion de l'instruction que le public apprendra à reconnaître le bon grain de l'ivraie; et alors le médecin pourra appliquer en toute sécurité le traitement qui lui paraîtra le meilleur, sans avoir à craindre les préjugés de son malade.

Nous nous sommes occupés jusqu'ici des progrès de nos connaissances, mais ceux de l'*industrie* n'ont pas été moins remarquables. Nous nous contenterons d'énumérer les principaux. Voici d'abord la machine à vapeur, qui a mis entre les mains de l'homme une puissance presque infinie et qui lui a permis de parcourir rapidement la terre et les mers. Les télégraphes et les téléphones ont supprimé la distance. Le phonographe permet de noter et de conserver indéfiniment les sons. La photographie a donné une grande exactitude à certaines sciences : astronomie, microscopie, ethnologie, etc. Grâce aux reproductions instantanées, nos descendants auront une idée nette des principaux événements de notre temps; avec les documents cinématographiques, ils verront même les foules se mouvoir et se livrer à leurs occupations habituelles. Que l'on juge de l'intérêt que nous aurions à posséder des documents pareils pour les peuples anciens!

Au point de vue militaire, notons l'invention des puissants explosifs modernes, qui aura peut-être pour effet, dans un avenir plus ou moins éloigné, de supprimer com-

plètement les grandes guerres, par crainte de leurs conséquences.

L'électricité surpasse toutes les autres forces naturelles
par la facilité avec laquelle elle se transforme et se transporte d'un lieu à un autre. Elle a déjà reçu de nombreuses
applications. Si on réussissait à l'utiliser aussi pour le
chauffage des appartements et la cuisson des aliments,
l'existence dans les grandes villes serait modifiée de la façon la plus heureuse au point de vue de l'hygiène. On peut
espérer aussi qu'avec le temps on parviendra à produire de
l'électricité d'une façon plus directe et moins coûteuse. Ce
serait un résultat d'une valeur inestimable.

Si le XIXᵉ siècle a été le siècle de la vapeur, le ving-
tième sera probablement celui de l'électricité. Elle donnera
par ses applications multiples, à la vie, un caractère que
nous ne pouvons encore soupçonner aujourd'hui. Elle ren-
dra possible ce qui jusqu'à présent n'était qu'un rêve : la
direction des ballons et les explorations sous-marines. Il
est probable que, malgré les progrès dont nous sommes si
fiers, nos petits-enfants ne nous considéreront que comme
de grossiers barbares, ne sachant pas exploiter d'une façon
rationnelle les ressources que nous offre la nature. Ils s'é-
tonneront que nous ayons consenti à vivre dans les tourbil-
lons de fumée déversés par nos usines alors qu'il est si simple d'utiliser les forces naturelles et de transporter l'énergie
ainsi produite partout où le besoin s'en fait sentir. Il est
d'ailleurs probable aussi que, les moyens de communications
devenant de plus en plus faciles, les grandes agglomérations
urbaines tendront à se dissoudre. La ville ne sera plus que
le centre des affaires, les habitants vivront dispersés dans
la campagne environnante. Il y aura donc, de par les progrès mêmes de la science, un retour à des conditions de vie
plus naturelles.

· Si nous jetons maintenant un regard sur les sciences qui
s'occupent plus spécialement de l'homme, nous nous aper-

cevons qu'elles n'ont pas fait de progrès bien sensibles.
Cependant l'*histoire*, surtout celle des civilisations et des
religions, a pris un caractère de plus grande exactitude
scientifique. L'*archéologie* s'y rattache intimement, elle
nous ramène à la préhistoire, dont nous parlions plus
haut. Quant à la *linguistique*, elle nous a fait connaître l'é-
volution des langues et leurs rapports réciproques de parenté. Il serait à souhaiter (1) que tous ceux qui s'occupent
de ces problèmes aient une culture anthropologique suffisante. Ce n'est que par une étude minutieuse des données
de ces diverses sciences que nous arriverons à connaître
l'origine, le genre de vie et les migrations de nos ancêtres.
Dès maintenant, d'importants résultats ont été obtenus,
notamment en ce qui concerne le rôle des divers éléments
ethniques dans la composition des peuples de l'Europe. Ils
sont dus en grande partie aux travaux d'anthropologistes
français tels que Collignon, Deniker, Lapouge et Topinard.

(1) Note du traducteur.

III

LA PHILOSOPHIE

Influence de Kant. — La métaphysique et l'idéalisme. — Schopenhauer
et la Volonté. — Hartmann et l'Inconscient. — Causes de la décadence
de la philosophie. — F. Lange et le matérialisme. — L'erreur des
idéalistes. — Fr. Nietzsche. — La philosophie de l'avenir.

Nous avons vu quels progrès les sciences positives ont
accomplis au cours du XIX⁰ siècle. Il n'en va pas de même
avec ce genre de recherches qu'on qualifie du nom de « philosophie » et qui a pour objectif de trouver par la méthode
spéculative l'explication des problèmes les plus complexes
et de résoudre l'énigme de l'univers.

Malgré tout le temps et le travail qui depuis des milliers
d'années ont été consacrés à cette tâche, on ne peut dire que
la question ait avancé d'un pas. Nous avons toujours à
lutter contre les mêmes conceptions fausses qu'autrefois.
La philosophie ne progresse pas en effet d'une façon régulière et rationnelle; mais, comme le dit O.-F. Gruppe, son
histoire se confond avec celle des erreurs de l'esprit humain et n'est illuminée que par de rares éclaircies. Il n'y a
pas, d'après lui, d'axiomes philosophiques, pas d'idées innées ou de vérités évidentes d'elles-mêmes, et tous les systèmes basés sur ces conceptions n'ont aucun fondement sérieux. Le temps a prononcé définitivement sur Kant, Fichte,
Schelling et Hegel, et condamné non seulement leurs systèmes, mais leurs méthodes. Le retour à Kant, si souvent

proposé, ne servirait de rien ; car sa philosophie a tous les défauts de la spéculation pure. Il faut résolument abandonner la métaphysique et la rayer du cadre des sciences philosophiques ; car elle s'occupe de choses qui échappent à notre entendement. Tout notre être, toutes nos connaissances ont leurs racines ici-bas ; il n'y a un au delà que pour la religion et non pour la philosophie, à moins que celle-ci ne se ravale au rang de servante de la théologie.

La doctrine de *Kant* portait en elle les germes de toutes les bizarreries qui devaient fleurir plus tard. C'est grâce à lui et à ses successeurs que la philosophie devint la science de la pensée pure, indépendante de toute expérience, et qu'elle chercha à déduire d'un principe unique la connaissance de l'univers. On sait avec quelle vigueur Schopenhauer a combattu les successeurs de Kant, et Kant lui-même, en les accusant de placer les idées au-dessus des faits et de construire ainsi une sorte de monde renversé. D'après un grand penseur anglais, H. Th. Buckle, la métaphysique n'existe pas comme science. Le métaphysicien n'étudie que son propre esprit qui est à la fois l'instrument et l'objet de sa connaissance. « Nulle part, dit-il, il n'y a autant d'agitation et aussi peu de progrès qu'en philosophie. » De tout le chaos des écoles ne ressort pas un seul principe important ; on est plus éloigné que jamais de la vérité, et ce n'est que par l'étude de l'histoire et de la nature que la philosophie peut porter des fruits.

Zimmermann exprimait, dès 1861, les mêmes idées avec peut-être encore plus d'énergie. Il montre que l'expérience seule peut servir de base à la pensée philosophique, et que le devoir présent de la philosophie n'est pas la spéculation pure, mais la critique de tous les faits expérimentaux. La philosophie, sans l'observation et l'expérience, tourne à la rêverie, et d'autre part les sciences expérimentales doivent être envisagées à un point de vue philosophique et critique pour porter tous leurs fruits. La découverte des lois

naturelles est le seul but rationnel de l'étude; en dehors
d'elle, il n'y a que les brouillards de la spéculation métaphysique.

Si, en Allemagne, on a abandonné Hegel, de même, en
France, on est bien revenu des idées de Cousin, et la *métaphysique* a eu à subir de rudes attaques de la part de Renan. Une science véritable est toujours incomplète et en voie
de développement ; un dogme absolu est incompatible avec
tout progrès. Aussi ne devrait-on faire de la métaphysique
que le complément des sciences d'observations, et non une
science indépendante. Tout ce que nous savons provient de
l'expérience; la discussion de certains premiers principes
de l'esprit humain, de certaines formes de l'entendement
peut tout au plus donner une logique, mais non une métaphysique. D'ailleurs déjà longtemps avant Renan, Voltaire
avait dit que la métaphysique commence lorsque celui qui
parle ne se comprend plus bien lui-même et lorsque ceux
qui l'écoutent ne le comprennent plus du tout. Cette soi-
disant science ne tient aucun compte des progrès de nos
connaissances; d'après Hegel les mouvements des corps
célestes ne sont pas produits par l'attraction, mais par de
tout autres causes, et n'obéissent pas aux lois ordinaires
du choc, du frottement, de la résistance, etc. Aussi d'après
ce philosophe, la gravitation ne serait qu'affaire d'imagination. Au contraire de ces théories métaphysiques, la
« philosophie naturelle » ne connaît que la matière et la
force.

On pourrait penser qu'après l'échec retentissant subi par
la philosophie spéculative au début de notre siècle, les philosophes auraient cherché une autre direction. Mais si, dans
un de mes ouvrages (1), j'ai essayé d'établir les bases d'une

---

(1) L. Büchner, *Force et Matière ou principes de l'ordre naturel
de l'univers*. Traduit par A. Regnard.

philosophie positive, en général la méthode reçut si peu de
modifications que, sans tenir aucun compte des progrès de
la science moderne, Arthur *Schopenhauer* put l'utiliser pour
démontrer la vérité du système inventé par lui. On ne saurait nier que cet homme était un penseur de génie qui sou-
mit les innombrables préjugés de son temps, surtout au
point de vue religieux, à une critique aussi ingénieuse que
méritée, et qui poursuivit de ses plaisanteries ce qu'il appe-
lait la malhonnêteté philosophique. Mais en ce qui concerne
son fameux système de « l'univers comme volonté et comm-
représentation », il est aussi arbitraire et fantaisiste que tout
autre système philosophique. Il n'est possible de faire d'une
manifestation de la vie animale le premier principe de l'u-
nivers qu'en donnant au mot « volonté » un sens tout particulier. Il est dès lors facile d'édifier les systèmes philosophiques, en changeant le sens des mots! Il était d'autant
moins permis à Schopenhauer de le faire, qu'il a blâmé
sévèrement ce procédé chez les autres.

Il s'écarte encore davantage de la voie de la science véritable, en considérant le monde comme une représentation.
Ce principe parfaitement incompréhensible n'a pas besoin
d'être discuté ici. D'ailleurs, la complète ignorance de Schopenhauer en histoire naturelle ressort de la brochure sur
« la volonté dans la nature » parue en 1836, et de la position qu'il a prise en faveur de la force vitale et du magnétisme animal. Foucher de Careil dit avec raison que la philosophie allemande de l'époque hégélienne n'est qu'un amas
de phrases pompeuses dépourvues de sens véritable, et
d'idées triviales présentées en un style recherché et ampoulé.
Malgré ses dons naturels et son mépris pour la phraséologie
philosophique, Schopenhauer a encore tous les défauts de
la méthode spéculative. Il fait de sa « volonté universelle »
un monstre philosophique qui ne le cède pas en bizarrerie
à « l'esprit » de Hegel.

Schopenhauer a fait une critique magistrale de la philosophie de Kant, dont il n'a laissé subsister que la distinc-

tion du phénomène et de la chose en soi, dans laquelle il croit trouver sa volonté universelle. Cependant il ne peut se délivrer lui-même de l'influence dangereuse de l'idéalisme subjectif, dont Kant est le véritable père. C'est là la source de toutes ses autres erreurs. Il a combattu en vain cet idéalisme, et il est impossible de méconnaître que la fameuse trinité sophistique de Fichte, Schelling et Hegel, qui lui était si antipathique, a exercé une forte influence sur lui. Il a poussé l'idéalisme subjectif de Kant jusqu'à ses dernières conséquences, confondu l'idée avec l'objet, le phénomène purement subjectif de la représentation avec le côté matériel et objectif des choses. Plus tard, dit Foucher de Careil, cette volonté, dont il fait une sorte d'absolu ou de dieu, se dissout dans sa morale, et toute sa philosophie tombe au nihilisme, que Schopenhauer a emprunté à l'Inde.

Le sens commun, qui suffit à faire raison de pareilles absurdités n'a pu empêcher une autre divinité de remplacer la volonté universelle de Schopenhauer. Elle porte le nom bizarre d'Inconscient et a été inventée par *E. von Hartmann*. De même que le dieu de Schopenhauer, celui de Hartmann prend sur ses larges épaules tout ce que la saine raison humaine ne peut expliquer. On peut également comparer ces conceptions à des ponts avec lesquels on cherche à franchir l'abîme de l'inconnu : il est difficile de dire lequel des deux est le plus solide, quoique le comble du paradoxe paraisse être du côté de Hartmann. Le premier principe de tout l'univers est pour lui un « Inconscient » agissant conformément à un but, sachant tout et, malgré son omniscience, s'ignorant lui-même! Hartmann avoue d'ailleurs à la fin de son ouvrage sur « l'Inconscient au point de vue de la physiologie et de la théorie de la descendance », que sa philosophie est la dernière tentative possible pour sauver la métaphysique téléologique et la croyance en Dieu, tout en tenant compte des progrès de la science. Mais d'une part il a fait des erreurs colossales, notamment en anatomie et en physiologie, et d'autre part, je ne vois pas où peut résider le progrès scientifique, lorsque, à la place d'une Providence toute puissante, omnisciente et présente partout, on met un concept métaphysique, d'ordre tout à fait négatif et cependant doué à peu près des mêmes qualités. Si nous avions à choisir, nous n'hésiterions pas et nous préférerions à ce mirage philosophique le Dieu anthropomorphe des théologiens qui a au moins le mérite de la simplicité.

Nous n'avons pas l'intention de parler ici de tous ceux qui ont pris part à ce travail de Sisyphe qui consiste à maintenir debout l'idéalisme. Cela nous mènerait beaucoup trop loin. Nous nous contenterons de citer l'opinion émise par le professeur G. Spicker, de Münster, dans un travail sur les *causes de la décadence de la philosophie*, paru à Leipzig en 1892 : « La philosophie se trouve réellement dans une situation désespérée. Elle était destinée à résoudre les plus regrand problèmes, et, après 2500 ans, elle est forcée de connaître qu'elle a tout à fait manqué son but, et que, jusqu'à présent, elle n'existe même pas en tant que science... En effet, toute science doit avoir un contenu et un principe directeur. La philosophie ne possède ni l'un ni l'autre; elle ne fait que jouer avec des formes logiques vides... Quiconque éprouve encore le besoin d'une conviction transcendante n'a qu'à la chercher dans la Bible ou au sein de l'Église, plutôt que dans les écoles philosophiques... On s'accorde à reconnaître que la preuve seule ne peut conduire à une conviction transcendante; toute pensée suppose un contenu et ne peut que lui donner une forme ; aussi ne peut-il y avoir une métaphysique du supra-sensible basée sur ces formes seules. Mais s'il n'y a pas de transcendant, toute la philosophie spéculative, de Parménide à Hegel, n'est qu'un jeu sans utilité. Les plus grands esprits ont perdu leur temps et leurs forces à courir après un fantôme. Leurs systèmes ne sont pas seulement erronés, ce ne sont que de vaines rêveries. On ne peut en tirer aucun résultat positif, et l'étude

de leur histoire a à peine plus de valeur que celle des procès de sorcellerie. »

Si, parmi les idéalistes dans le désarroi, il est de mode de
prêcher le retour à Kant, depuis 20 ou 30 ans un grand nombre d'excellents esprits ont montré toute la vanité et les
contradictions flagrantes de ce système, qui exerce malheureusement encore une trop grande influence dans les écoles.
Citons seulement Spicker, Suhle, Gartelmann, Bolliger,
F. Jodl et Lewes. Après ces savantes critiques qui montrent
bien le néant de la « chose en soi », des « catégories », de
la « raison pure » opposée à la « raison », et en général de
toute méthode à-prioristique, il semblait que rien ne pût
plus être tenté pour sauver l'idéalisme transcendantal. Cependant, dans son célèbre ouvrage (1), *F.-A. Lange* a
essayé de renverser le matérialisme avec des arguments
tirés de la philosophie kantienne. Mais cette partie de son
œuvre est obscure et remplie de contradictions. Il explique l'esprit par la matière, et celle-ci par l'esprit. Un
passage traite l'idéalisme de « rêverie métaphysique » ; un
autre fait provenir toutes nos sensations et nos représenta-
tions, non de notre organisme, mais de notre esprit, ou de
« conditions toutes spirituelles ». Notre propre corps n'est
qu'une « façon de comprendre des relations toutes spirituelles, façon donnée *à priori* » ! Lange appelle cet étrange
résultat le « commencement de la fin du matérialisme »
ou le « dénouement de la tragédie » ! On voit qu'il sait se
contenter de peu de chose.

Lange croit à la « chose en soi », que Kant oppose au
phénomène ; cependant il reconnaît qu'elle ne peut être démontrée par le principe de causalité, parce que celui-ci ne
s'applique qu'au monde des phénomènes. Néanmoins, Lange
est tout imprégné du système kantien, dont il accepte les
parties essentielles.

(1) F.-A. Lange, *Histoire du Matérialisme et critique de son importance à notre époque.* Traduit par B. Pommerol.

Les contradictions sont surtout remarquables quand il s'occupe de son véritable sujet, le matérialisme. Tantôt il lui rend entière justice, tantôt il déclare que telles ou telles considérations doivent le faire définitivement abandonner. Pour lui, le matérialisme est tantôt la « la condition nécessaire de toute étude de la nature », tantôt ce n'est plus qu'un « dogmatisme naïf et sans valeur scientifique ». Tantôt c'est le degré le plus bas de la philosophie, tantôt au contraire l'auteur déclare que « tous les systèmes qui veulent rester en contact avec le monde réel doivent graviter vers le matérialisme ». Lorsqu'on voit des hommes comme F. Uberweg et D. F. Strauss se rallier à la conception matérialiste, à leur âge mûr, après avoir étudié tous les autres systèmes, il est difficile de croire, avec Lange, que le matérialisme a été définitivement vaincu par le criticisme de Kant. Si, comme il l'affirme, la matière et le monde sensible ne sont que des produits de notre organisation, nos sens également ne sont que des jeux de notre imagination ; le cerveau même n'est qu'une apparence. Dès lors, la matière est une représentation de la matière, le phénomène une représentation d'un autre phénomène ; en d'autres termes, le monde extérieur est la représentation d'une représentation !! C'est à de pareilles absurdités que conduit le nouveau criticisme philosophique édifié par M. Lange à l'aide de Kant, et qui, aux yeux de beaucoup, constitue le degré le plus élevé de la conscience philosophique de notre temps.

Il ne peut pas y avoir, d'après M. Lange, de vérité objective ; car ce qui semble être pour les matérialistes la vérité définitive, n'est pour les *idéalistes* qu'un produit de notre organisation. Nous ne pouvons, d'après eux, sortir du domaine du subjectif, et le monde réel nous restera toujours fermé. Mais en réalité leur grande erreur a été de placer l'homme en face d'une nature qui lui est totalement étrangère et dans laquelle il semble avoir été brusquement transplanté par une puissance supérieure ; ils le font ensuite

considérer le monde extérieur au moyen d'organes qui leur
semblent sans rapport avec celui-ci. Ils oublient totalement
que l'homme tel qu'il est organisé n'est lui-même qu'un produit de l'univers qui l'entoure, qu'il est par suite en un rapport nécessaire et normal avec lui, et qu'il ne saurait
y avoir de différence entre les lois de la nature et celles de
la raison, entre l'être et la pensée. En nous agissent les mêmes forces que dans le monde extérieur, et certains principes généraux ne paraissent préexister dans notre entendement, que parce que dans le sujet règnent les mêmes lois, la
même logique que dans l'univers dont il n'est qu'une partie.

Si nos sens ont été organisés en définitive par les impressions venues du dehors, ils ne peuvent nous mentir quand ils
nous parlent de faits objectifs. Leurs erreurs(1) et leurs illusions ne proviennent que des imperfections qu'on rencontre
dans tout organisme ; elles n'existent d'ailleurs que pour les
faits qui n'ont pas d'importance pour la vie du sujet. Nous
nous trompons sur la position et la distance des astres, le
bâton plongé dans l'eau nous paraît brisé, mais le marin sait
prévoir la venue de la tempête, le sauvage sait reconnaître
la piste de l'animal qu'il chasse ou de l'ennemi qu'il poursuit. En somme les sens sont d'excellents outils pour la vie
pratique, mais d'assez mauvais instruments de recherches
scientifiques.

Malgré toutes ses contradictions, Lange a vu se rallier
autour de lui une grande quantité de partisans. Mais l'insuffisance absolue de ce néo-kantisme se montre par l'exagération même où sont tombés certains des idéalistes contemporains. Comment expliquer la résurrection des systèmes
burlesques de l'hégélien Max Stirner et le succès de son
imitateur *Fr. Nietzsche,* dont les conceptions sont réellement
délirantes. Sa bizarre théorie du « surhomme » semble
surtout en avoir imposé à des esprits qui, pour leur part,
n'étaient pas capables d'atteindre à ce fier sommet de l'hu-

(1) Note du traducteur.

manité, mais qui trouvaient un certain plaisir à s'enivrer de
ce vin d'orgueil. C'est avec un véritable cynisme que Nietzsche blesse dans ses écrits non seulement la saine raison,
mais tout sentiment d'équité et d'honnêteté. En réalité c'é-
tait une nature géniale, et s'il avait été sain d'esprit, il eût
été capable de produire des œuvres tout à fait remarquables.
Par malheur, une maladie cérébrale grave, dont il était atteint depuis son enfance, gâta toutes ses belles qualités in-
tellectuelles. Il y a dans ses ouvrages quelques passages excellents noyés au milieu d'un fatras inintelligible, où le gro-
tesque le dispute à la folie des grandeurs. Il est impossible
de prendre au sérieux les phrases suivantes tirées pour la
plupart de son célèbre ouvrage intitulé : « Ainsi parla Za-
rathoustra. » — « Je ne pourrais croire qu'à un dieu, qui saurait danser. — J'ai trop chaud, je suis brûlé par mes pensées. — Sans musique la vie me serait incompréhensible. —
Napoléon est le problème de l'idéal fait homme.—N'épargne
pas ton prochain. — Garde-toi de l'homme bon.— La conscience est la cruauté tournée vers l'intérieur.—L'amour du
prochain est une morale d'esclave. — Le criminel est le véritable homme libre. — Il est bon de voir souffrir, il est encore meilleur de faire souffrir. — Rien n'est vrai, tout est
permis. — Il faut avoir du chaos en soi pour pouvoir ac-
coucher d'une étoile. » Tout ce qu'a écrit Nietzsche est di-
visé en aphorismes sans lien entre eux ; les contradictions
les plus flagrantes s'y rencontrent à chaque pas. C'est une
suite de phrases capables de réduire au désespoir un homme
sensé, et où aucune pensée une fois commencée n'est conduite jusqu'à sa conclusion normale. On y trouve encore une
adoration de soi, une folie des grandeurs telles que Nietzsche
a osé écrire : « J'ai donné à l'humanité le livre le plus profond qu'elle eût jamais possédé. » Il ne cherche d'ailleurs pas
à être compris. Dans un moment de lucidité, il écrit : « Quand
des gens sont du même avis que moi, je sens immédiatement que j'ai tort. » Il veut probablement dire que s'il ren-
contrait ses propres pensées dans les ouvrages d'un autre,

il s'en détournerait avec horreur. Que diront à ceci ses aveugles adorateurs, qui veulent voir en Nietzsche le penseur le plus profond, et l'écrivain le plus brillant de notre époque ?

En tous les cas, le culte rendu à cet homme est un triste signe de la nullité intellectuelle du monde philosophique à la fin du xix⁰ siècle. Après tant d'espérances déçues, la philosophie, la plus élevée et peut-être la plus vieille de toutes les sciences, ne doit cependant pas disparaître. Elle conservera sa place au centre du savoir humain, et servira à relier toutes les sciences d'observation et à leur donner leur véritable valeur. Pour atteindre ce résultat, il lui faudra résolument abandonner ce vain travail de la spéculation, et borner ses recherches à ce que l'homme peut atteindre. Le cri de guerre des philosophes de l'avenir ne sera pas le retour à Kant, mais bien le retour à la nature, à la réalité, à l'expérience, à la logique, à la saine raison. Cette réclamation n'est d'ailleurs pas nouvelle. Locke avait déjà prouvé que toutes les idées sur lesquelles travaille la philosophie proviennent en définitive de l'expérience, que par suite elle ne saurait dépasser l'expérience et ses inductions, et que toute métaphysique est impossible. Cependant, cette démonstration n'a pas empêché la philosophie de retomber sans cesse dans ses anciennes erreurs. Déjà, avant Locke, Bacon, le père des sciences inductives, avait déterminé le rôle des sciences philosophiques comme on le fait de nos jours. On sait quelle influence ses principes ont eue sur les sciences naturelles ou d'expérimentation ; ils passèrent inaperçus de la philosophie scholastique, ou bien furent vaincus par l'idéalisme transcendantal allié à la théologie d'alors. L'ancienne erreur persiste, d'après laquelle la pensée serait possible sans base expérimentale. Elle est à la base de la philosophie idéaliste, qui n'a pu résister à la tentation d'expliquer l'énigme de l'existence au moyen du simple raisonnement. En réalité, elle n'a fait que continuer à servir

la théologie qui est arrivée par un chemin beaucoup plus
court et plus rapide aux résultats que la philosophie n'a
atteints qu'avec beaucoup de peine et après de longs détours.
Cette triste constatation a fait croire à beaucoup de personnes
qu'elle avait terminé sa carrière et marchait à grands pas
vers sa disparition définitive.

Tout le mal provient de ce que la philosophie n'a pas compris son rôle, et qu'elle a toujours cherché la certitude absolue et non la vérité relative. Si elle abandonne cette prétention, loin de disparaître, elle acquerra une influence de
plus en plus considérable, en servant d'intermédiaire entre
les diverses sciences, et en établissant un lien logique entre
leurs résultats les plus généraux. Si, en le faisant, elle perd
en dignité apparente, si l'indépendance de sa pensée ou de
son imagination diminue, en revanche elle verra augmenter
dans des proportions inouïes les matériaux qui lui arriveront
de tous côtés et qu'elle utilisera pour élever un édifice nouveau, de valeur définitive. C'est ce que Zimmermann exprime
en disant que le devoir présent de la philosophie est la
critique de tous les faits expérimentaux. D'autre part Spiess
disait, dès 1857 : « Au lieu de courir après des connaissances très élevées, mais inaccessibles, le rôle de la philosophie
devrait être de réunir en un tout rationnel les connaissances empiriques données par toutes les autres sciences. En
limitant ainsi son domaine, elle gagnerait en élévation et
en utilité. »

Elle dominerait en quelque sorte toutes les sciences spéciales; elle leur montrerait la voie qu'elles ont à suivre et
les principes auxquels elles doivent obéir. En effet l'expérience
seule ne constitue pas la science; elle a besoin d'être tra-
vaillée et mûrie par la pensée, pour permettre la découverte
des lois générales. « Sans lois, dit Whewell, les faits sont
sans lien et sans signification; en revanche, la loi qui n'est
pas basée sur des faits n'a aucune réalité. La connaissance
veut donc des faits reliés par des lois. »

D'ailleurs en dehors de ce rôle si important, la philosophie

continuera encore à vivre d'une vie indépendante. En effet,
un certain nombre d'ordres de connaissances lui resteront
rattachés : la logique, la psychologie (basée sur l'anatomie et
la physiologie), l'esthétique, la morale, la philosophie du
droit, enfin l'histoire de la philosophie, qui montre de combien de façons différentes les hommes ont cherché à résoudre l'énigme de l'univers, sans jamais y parvenir. Il sera
également possible d'établir une philosophie naturelle, basée
sur les trois principes découverts par la science moderne : la
matière, la force ou le mouvement, et l'évolution. La métaphysique seule, cette vaine science du suprasensible ou de
l'extra-naturel, doit être définitivement abandonnée. Il faut
également se séparer de tout ce qui a trait aux questions
religieuses et dogmatiques. Car la science et la foi sont des
adversaires irréconciliables, et s'excluent mutuellement.

Si la philosophie du xxᵉ siècle obéit à ces indications, si
elle renonce définitivement à toutes les conceptions *a priori*
ce sera pour elle une véritable renaissance : elle sera libérée
de toutes ses entraves métaphysiques, scolastiques et théologiques. On a souvent exprimé la crainte que la « profondeur » philosophique ait à souffrir de ces changements, que
l'idéal soit diminué et que le monde tombe dans un matérialisme grossier. Ces craintes ne sont pas du tout justifiées.
Au contraire, si paradoxal que cela puisse paraître, il est
facile de montrer que la philosophie expérimentale dépas-
sera l'idéalisme en hauteur de vues. En effet, celui-ci résout
les plus grandes difficultés au moyen de quelques hypothèses indémontrables : il ignore les faits d'expérience, ou bien
les fait découler de causes surnaturelles arbitrairement choi-
sies : il s'épargne ainsi la peine de la réflexion et de l'étude
des relations causales. Au contraire, la philosophie expérimentale ne craint pas ces recherches, elle ne se contente pas
d'hypothèses sans bases sérieuses, mais s'efforce de ramener
tous les faits qu'elle rencontre à des lois connues, ou de découvrir de nouvelles lois. Elle ne se contente pas, comme l'idéalisme, d'expliquer les phénomènes obscurs par des mots

encore plus obscurs, qui ne servent qu'à couvrir notre ignorance. Les termes suivants appartiennent à cette catégorie :
force vitale, instinct, âme, l'absolu, l'inconscient, l'inconnaissable, la chose en soi, la conscience morale, les idées
innées, etc. Ces expressions ne servent qu'à faire croire à des
esprits superficiels qu'on possède une explication du phénomène, alors qu'il est loin d'en être ainsi. Si la philosophie expérimentale ne peut résoudre ces problèmes, elle se
contentera de les indiquer comme des lacunes de nos connaissances, à combler plus tard. D'ailleurs, ces lacunes
n'empêcheront pas de reconnaître les relations mutuelles
de certains phénomènes, alors même qu'on ne pourrait pas
les expliquer.

Quant à l'idéal, il ne saurait y en avoir de plus élevé pour
l'homme, que de connaître la vérité. Tout ce qui peut y con-
tribuer porte, aux yeux du penseur, le sceau de l'idéal. En revanche l'idéalisme des écoles philosophiques qui reconnais-
sent Platon pour maître a toujours cherché à mettre à la
place de la réalité des fantômes et des fictions sans aucun
caractère scientifique. Il constitue l'obstacle le plus dangereux pour cet idéalisme pratique qui est le plus fort levier
du progrès, ou, comme dit Hartmann, le « véritable conqué-
rant du monde ». L'avenir décidera s'il convient de continuer de perdre ses forces en querelles d'écoles et à la poursuite d'un idéal vain et brumeux, ou s'il ne vaut pas mieux
se tourner résolument du côté des connaissances positives.
« Si, dit Svoboda, un idéal purement imaginaire a pu maintenir des peuples dans le devoir et diriger toute leur ma-
nière d'être et de penser pendant des milliers d'années, un
idéal noble et réel aura encore bien plus d'influence et pourra
fonder le bonheur de l'humanité ».

IV

LE MATÉRIALISME

La prétendue tyrannie matérialiste. — Le problème des origines. — Propriétés de la matière. — Les phénomènes vitaux. — Éternité et absence de limites de l'univers. — La croyance aux miracles. — Les éléments, la force et le mouvement. — Théories matérialistes et spiritualistes. — L'âme et l'esprit. — L'origine de l'homme et les erreurs des sens. — Le monisme et la morale.

On entend beaucoup parler de la « tyrannie du matérialisme » et, sans se demander si cette tyrannie existe réellement, de nombreux auteurs sont sans cesse occupés à la combattre. D'autres, au contraire, proclament que le matérialisme est ruiné depuis longtemps soit à cause de ses vices intimes, soit par la théorie kantienne de la connaissance. S'il en était ainsi, si ce système était si bien réfuté, on ne voit pas trop pourquoi on s'acharnerait encore après lui. Ces perpétuelles tentatives de réfutation du matérialisme prouvent, au contraire, qu'il ne se porte pas si mal qu'on veut bien le dire.

Lorsque, au milieu du siècle, on fit un timide essai pour ressusciter l'antique matérialisme philosophique, on rencontra de telles résistances, on provoqua une telle frayeur, qu'il ne put être question de les surmonter. Toute une phalange de chevaliers se leva pour combattre le monstre. Chacun d'eux s'en faisait d'ailleurs une idée différente : il argumentait à corps perdu contre l'image qu'il s'était formée du matérialisme, puis allait proclamant qu'il avait à jamais anéanti celui-ci. Le système n'en continuait pas moins à vivre, sans sortir d'un cercle assez limité; mais les progrès rapides des sciences naturelles lui apportaient tous les jours de nouveaux aliments.

C'est d'ailleurs ce constant appui qui donne au matérialisme contemporain sa force, et le rend invincible. Celui de l'antiquité n'avait pas ces ressources et dut céder le pas à ses adversaires spiritualistes, dont les théories plaisent mieux à la multitude et favorisent sa paresse de pensée. D'ailleurs la philosophie épicurienne de Lucrèce, basée sur l'atomisme de Leucippe et de Démocrite, n'a pas été sans influencer puissamment le monde romain. On ne pourrait comprendre la chute rapide de ce système, si on ne se rappelait qu'il a eu bientôt à lutter contre la plus spiritualiste de toutes les religions, le christianisme, que diverses circonstances favorisaient alors, et qui savait réfuter par la violence toutes les contradictions. La puissance de cette religion a été telle, pendant près de 2.000 ans, que tous les efforts des penseurs sont restés à peu près sans résultats. Même maintenant, après deux siècles contraires au christianisme, nous nous voyons encore contraints de résister, au nom de la science, à des arguments théologiques et philosophiques. D'ailleurs, à la fin du xviiie siècle et au commencement du xixe, la philosophie systématique fondée par Kant triomphe; son règne se continue par la période de Fichte, Hegel et Schelling, sans que le public se lasse de cette phraséologie vide et pompeuse.

Les circonstances étant telles, on ne voit pas quand aurait pu exister une tyrannie momentanée du matérialisme, ni pourquoi tant de gens croient encore devoir travailler à y mettre fin. Mon ouvrage (1), qui résume tous les arguments

---

(1) L. Büchner, *Force et Matière;* traduit par A. Regnard. Voir aussi du même auteur: *l'Homme selon la Science, son passé, son présent, son avenir;* traduit par Ch. Letourneau, et *Conférences sur la théorie darwinienne,* traduit par A. Jacquot.

en faveur du système, a bien eu de nombreuses éditions. Mais cette tentative de modifier les idées régnantes d'après les données de la science, et de ressusciter l'ancien matérialisme souleva une tempête de réprobation. Le nombre de ceux qui osèrent se déclarer en ma faveur était infinitésimal en comparaison de la foule de mes adversaires. D'ailleurs je ne m'étais jamais leurré de l'espoir d'un succès immédiat. Je savais que la loi de l'inertie est aussi puissante dans le monde intellectuel que dans celui de la matière, et que maintes années s'écouleraient encore avant que la vérité sortît des nuages qui la cachent.

Mais bientôt on se mit à étudier la question avec plus de calme et le nombre des adeptes du matérialisme scientifique augmenta. Pas plus que les spiritualistes ou les idéalistes, ils ne résoudront les dernières énigmes de l'univers. Mais du moins ils ne prendront plus l'apparence pour la réalité, l'illusion pour la vérité. La grande loi de l'évolution remplacera l'hypothèse des créations successives ; la croyance à l'existence d'un ordre naturel de l'univers succédera à la foi aux miracles ; l'unité de la matière et de la force, de l'esprit et du corps, le monisme en un mot, supplantera le dualisme. Enfin, un idéal positif remplacera l'idéal imaginaire ; en effet, se détournant du ciel, l'homme tendra à rendre sa courte existence terrestre aussi parfaite que possible à tous les points de vue.

Peut-être toute l'opposition faite au matérialisme s'explique-t-elle par l'idée fausse qu'on s'est faite de cette doctrine. D'ordinaire, on comprend sous ce nom une théorie philosophique qui cherche à expliquer tous les phénomènes de l'univers par les propriétés et les mouvements de la matière, sans l'intervention d'un principe directeur. Si une telle interprétation était possible, on devrait la saluer avec joie ; car l'éternel désir de l'humanité d'arriver à résoudre la grande énigme serait enfin satisfait. Malheureusement à ce point de vue la doctrine matérialiste laisse autant à désirer que la spiritualiste. D'ailleurs, ce problème ne sera jamais résolu par l'homme; car il lui faudrait, pour le faire, se placer en quelque sorte en dehors de cet univers auquel il appartient, en dehors du temps et de l'espace. Aussi cette incapacité même de notre intelligence a-t-elle fait échouer toutes les tentatives d'explication de l'univers par un principe unique, et l'on n'a pu que cacher son ignorance en donnant un nom à ce principe supposé, Matière, Esprit, Dieu, Absolu, Chose en soi, Ame du monde, Inconnaissable, Volonté, Inconscient, etc.

Le matérialisme, en tant que système philosophique, est donc aussi peu capable de résoudre le *problème des origines* que tout autre système. L'homme doit se résigner à abandonner les spéculations métaphysiques, et à étudier la nature qui l'entoure et dont il fait partie. C'est la découverte de ses lois qui constitue le véritable objet de la science; la question de leur origine doit être complètement laissée de côté. Il suffit de savoir qu'elles existent, et que leurs lacunes apparentes ne tiennent qu'à notre ignorance. C'est à ces lacunes qu'ont recours les adversaires du matérialisme pour sauver la croyance aux influences métaphysiques, c'est-à-dire au miracle. Mais ils sont repoussés d'une position dans une autre; car le flambeau de la science éclaire peu à peu les recoins les plus obscurs qui pourraient servir d'asile aux esprits, aux fantômes et aux miracles, que ce soient ceux du vulgaire spiritisme, du spiritualisme ou d'une fausse science. En effet, la science elle-même a ses fantômes et ses miracles, tels l'horreur du vide, le calorique, le fluide vital, etc. : malgré leur inexistence, ils sont capables d'arrêter pendant fort longtemps ses progrès.

Il en est de l'idée de *matière* comme de celle de matérialisme. Autrefois ce terme était très peu compréhensif. Il ne désignait guère qu'une substance douée de qualités extérieures, couleur, forme, poids, mollesse ou dureté. Mais au cours du XIXe siècle le progrès des sciences a considérablement augmenté sa portée. Le temps n'est pas si loin, où on niait que la matière pût exister à l'état gazeux. L'époque est encore bien plus rapprochée de nous, où l'éther, qui remplit les espaces célestes et les interstices de tous les corps, n'était pas considéré comme de la matière, parce que l'on pensait que celle-ci était nécessairement visible, résistante et pondérable. Les mêmes études qui nous ont appris l'ubiquité de la matière nous ont aussi montré qu'elle possède des propriétés physiques, chimiques, magnétiques, électriques et cinétiques qu'il était impossible de soupçonner. Nous savons maintenant que la délicatesse de sa structure atomique et la rapidité de ses mouvements intérieurs défient toute comparaison. Nous savons enfin que toute l'évolution vitale et intellectuelle des habitants futurs du système solaire était déjà contenue en germe dans la nébuleuse primitive qui a donné naissance à celui-ci. En un mot, d'innombrables qualités que l'on excluait autrefois de l'idée de matière font maintenant partie intégrante de ce concept.

Si on s'est *a priori* convaincu que la matière ne peut être que dure, inerte et absolument incapable de produire des phénomènes intellectuels, si on a, en un mot, retiré de l'idée de matière tout ce qu'on a l'habitude de désigner par d'autres mots, il est évident que le matérialisme paraîtra insoutenable. On se trouvera à peu près dans la situation du sauvage à qui on voudrait expliquer les merveilles du télégraphe ou du téléphone sans l'intervention d'un pouvoir surnaturel.

Tout ce que nous avons dit se rapporte également bien au monde organique. Pendant longtemps, on ne pouvait concevoir comment des atomes inertes pouvaient produire les *phénomènes vitaux* et l'on en était réduit à admettre l'existence d'une force spéciale et immatérielle, seule capable de les mettre en jeu.

Aujourd'hui, ce dernier asile de l'ignorance a été abandonné, et l'on comprend que les phénomènes vitaux ne sont

que des mouvements de la matière placée dans des conditions spéciales. D'ailleurs leur complexité croît avec celle de
la substance vivante elle-même. On ne peut pas dire que la
vie, la conscience, l'esprit, etc., sont extérieurs à la matière.
Tous ces phénomènes sont en elle en puissance; ils ne
deviennent évidents que lorsque, à la suite d'une longue
évolution, elle a été amenée à un certain état de complexité et d'activité. C'est ainsi que, dans une horloge, la
matière n'indique les heures qu'à la suite de savantes combinaisons. Il n'est dès lors plus possible de contredire le
matérialisme ainsi compris. La matière, pourvue de tous les
attributs qui se développeront plus tard chez les êtres ani-
més, répond à ce besoin d'unité de notre esprit, qui rem-
place les anciennes croyances dualistes.

Le matérialiste n'affirme pas qu'il peut démontrer l'*é-
ternité* et l'*infini* de l'univers, qui rendraient inutile l'intervention d'un créateur. Il dit seulement que c'est la seule
hypothèse qui satisfasse entièrement l'esprit. Il nous est
impossible de nous représenter l'infini de l'espace et du
temps ; mais il nous est encore plus impossible de comprendre que l'univers ait des limites. La croyance à un
monde borné, dans les hauteurs duquel trônent un ou plusieurs dieux, ne pouvait naître qu'à une époque où le télescope n'avait pas encore pénétré les profondeurs du firma-
ment et découvert des myriades de corps célestes et d'u-
nivers en formation, qui ne laissent aucune place au ciel
rêvé par les dévots. De même, la géologie a montré que
la terre est beaucoup plus ancienne que l'on ne pouvait
le supposer, et que l'espèce humaine n'est que le dernier
terme d'une longue évolution, dont les débuts se perdent
dans la nuit des temps.

D'après la théorie matérialiste, l'univers existe par lui-
même, tous les phénomènes qui s'y passent se ramènent à
des causes intérieures et obéissent à des lois immuables.

Il n'y a pas actuellement et il n'y a jamais eu de *miracles*. Des observations inexactes ou mal comprises, des hallucinations et des illusions, les fourberies des prêtres ou des mediums spirites, les rêveries religieuses et mystiques, telles sont les sources de ce qu'on a pris pour des phénomènes surnaturels. On ne trouve plus aujourd'hui ces croyances que chez la foule dépourvue de sens critique et elles ne sont plus défendues que par ceux qui ont un intérêt personnel à leur conservation. Malheureusement le germe de ces erreurs est déposé dans l'âme de la jeunesse, avant qu'elle ne soit capable de juger par elle-même, et comme les impressions reçues dans l'enfance sont les plus profondes et les plus persistantes, il est facile de comprendre comment, dans les masses populaires, ces absurdités triomphent encore de la saine raison et de la science, que le peuple ignore d'ailleurs totalement. Aussi longtemps que l'esprit des enfants sera nourri de légendes et d'erreurs, bien rares seront ceux qui, parvenus à l'âge de raison, secoueront les entraves de la superstition et suivront la voie de la nature et de la vérité.

Nos prédécesseurs croyaient qu'en dehors de la matière il y avait encore des quantités d'autres *éléments* dans l'univers : c'étaient le feu, l'air, la lumière, l'obscurité, la chaleur, le magnétisme, l'attraction, l'âme, le ciel, la divinité, etc. Aujourd'hui encore, beaucoup pensent qu'à côté de la matière il y a une chose particulière, et indépendante d'elle, qu'ils appellent « force » ou « énergie ». Mais la science moderne fait justice de toutes ces imaginations. La force n'a pas d'existence propre; elle n'est qu'une propriété de la matière en mouvement ou en tension. Ce qu'on appelle la « conservation de l'énergie » n'est, en réalité, que la conservation du mouvement. Celui-ci est un attribut nécessaire de la matière et il se manifeste tantôt comme mouvement des masses, tantôt comme mouvement moléculaire. Il est aussi indestructible que la matière elle-

même. Tous les mouvements existant sur la terre ont
pour origine première la chaleur solaire, dont une très
faible partie atteint notre monde et suffit pour y provoquer directement ou indirectement tous les phénomènes
qui s'y passent. C'est le soleil seul qui entretient la vie sur
la terre, depuis l'algue la plus infime jusqu'au chêne géant,
depuis l'infusoire jusqu'à l'homme, dont l'esprit et la pensée ne sont, en dernier ressort, que de la chaleur solaire
transformée.

Ces considérations suffisent pour écarter toute explication
non matérialiste de l'énigme de l'univers. Elles sont d'ailleurs confirmées par l'étude de l'origine de notre système
solaire ; on sait maintenant de façon certaine qu'il provient
de l'aggrégation de matériaux originairement dispersés dans
l'espace. « Donnez-moi de la matière et du mouvement, et
je reconstruirai l'univers, » disait déjà le grand philosophe
Descartes, en prévision de cette grande vérité révélée par la
science moderne.

Ainsi les spéculations hardies de Leucippe, de Démocrite
et d'Épicure ont reçu aujourd'hui une confirmation éclatante. Après avoir été oubliée pendant la longue nuit du
Moyen-Age, leur théorie atomique a été reconstituée sur des
bases réellement scientifiques. Nous ne sommes d'ailleurs
pas encore arrivés à la fin de nos recherches ; nous sommes
au contraire entourés d'énigmes de toutes natures. De même
que de chaque tête coupée de l'hydre il en naissait une
autre, la science voit, derrière chaque problème résolu, s'en
présenter de nouveaux. C'est de cette circonstance, et surtout de l'impossibilité d'expliquer la conscience par des
causes purement matérielles, que les adversaires du matérialisme tirent leurs principaux arguments. Du moment que
vous ne pouvez pas rendre compte de ces faits, disent-ils,
c'est que votre théorie est fausse et que la nôtre est la vraie.
La faiblesse de cet argument est évidente. Si l'hypothèse
matérialiste rendait compte de tous les faits, il n'y aurait

plus de discussion. De ce qu'elle ne le peut pas, il ne résulte pas que l'opinion contraire soit vraie ; car les théories de nos adversaires souffrent à un degré bien plus élevé de cette impossibilité de tout expliquer.

Pendant que le matérialiste s'appuie sur quelque chose d'intelligible pour tout esprit sain et non déformé par les sophismes et les rêveries philosophiques, les spiritualistes, au contraire, prennent pour point de départ un objet que personne encore n'a pu ni voir, ni entendre, ni toucher. Ils oublient que l'esprit, dont ils veulent déduire tout l'univers, n'a pas d'existence propre, si ce n'est dans les imaginations des théologiens et des spirites. Il n'y a d'esprit qu'en corrélation avec un organisme matériel tout à fait déterminé qui ne se rencontre que dans le règne animal. De même que la vie, la pensée est le produit d'un mode spécial de constitution de la matière. Nous ne savons pas et nous ne saurons jamais comment les mouvements des substances dont est formé le cerveau peuvent engendrer la conscience. Mais notre ignorance à ce sujet n'est pas plus grande qu'en ce qui concerne des milliers d'autres phénomènes naturels, pour lesquels nous n'admettons cependant pas d'intervention surnaturelle. Les faits qui prouvent que les phénomènes de conscience ont toujours pour condition un organisme vivant sont innombrables et n'ont d'ailleurs jamais été méconnus par les gens capables de réflexion.

Les spiritualistes prétendent que la pensée n'est pas le produit du cerveau, mais bien celui d'un esprit caché derrière cet organe et qui en joue, à peu près comme un pianiste joue de son instrument. Il serait tout aussi raisonnable de dire que la bile n'est pas sécrétée par le foie, mais par un esprit particulier qui met en action les cellules de cet organe. La façon dont les spiritualistes expliquent l'union de l'âme et du corps est absolument incompréhensible. Comme le dit D.-F. Strauss, « aucune philosophie ne pourra jamais rendre compte comment un être matériel, dépourvu de pensée, peut communiquer à un objet sans

étendue, mais capable de penser, des impressions qui, à
leur tour, seront transmises de l'âme au corps sous forme
d'excitations; ni, en général, comment il peut exister une
relation entre des objets aussi disparates. »

Pour expliquer cette corrélation, W. Wundt a découvert
qu'il y avait « un parallélisme du physique et du psychique,
c'est-à-dire deux séries causales parallèles, qui ne réagissent
jamais l'une sur l'autre et ne viennent jamais s'aboucher ».
Pour Huschke, la pensée est « l'accompagnement esthétique du mouvement nerveux »; la pensée et le cerveau
sont « une expression symbolique synchrone ». Cela n'a
aucun sens. Toutes les théories analogues prouvent seulement l'obscurité qui règne dans l'esprit de leurs auteurs,
ou leur crainte d'être forcés de reconnaître la vérité du
matérialisme. En réalité, le mot « âme » ne représente pas
une entité véritable, c'est une expression collective pour
toutes les fonctions du cerveau et du système nerveux, de
même que les mots respiration, digestion, circulation s'appliquent aux fonctions d'autres organes.

En faisant du concept « âme » une entité métaphysique,
et en attribuant la sensibilité aux organes de notre corps,
la volonté à l'âme, les écoles philosophiques ont amené un
désordre inextricable. Celui-ci a été encore augmenté par
la confusion faite entre *l'âme et l'esprit*. Le premier de ces
concepts a une valeur beaucoup plus générale que l'autre. Il
embrasse toute la vie psychique, c'est-à-dire l'ensemble des
fonctions nerveuses. Le mot « esprit » doit au contraire s'entendre de l'activité intellectuelle seule, qui a son siège dans
l'écorce grise du cerveau. Aussi accordons-nous une âme
aux animaux, tandis que nous n'admettons qu'ils ont un esprit que dans une mesure très restreinte. L'activité psychique atteint son plus haut développement chez l'homme,
avec ses énormes hémisphères cérébraux, recouverts d'une
couche très compliquée de substance grise. A mesure qu'on
descend la série animale, on observe que les facultés intel-

lectuelles deviennent de moins en moins parfaites et que
leur organe se simplifie de plus en plus. En revanche, nous
n'hésitons pas à attribuer une âme non seulement aux animaux les plus rudimentaires chez lesquels il n'y a pas de
système nerveux différencié, mais même aux plantes chez
lesquelles la vie psychique se réduit à une excitabilité inconsciente. On sait, d'ailleurs, que ces phénomènes d'excitabilité inconsciente se rencontrent aussi chez les êtres les
plus élevés en organisation, par exemple pour les actes devenus habituels, ou bien pendant le sommeil. Il y a donc
tous les intermédiaires possibles entre l'obscure vie psychique des plantes et la conscience claire et distincte qui est
l'apanage de l'homme.

Ces longs développements nous ont paru nécessaires pour
montrer que l'hypothèse spiritualiste d'une âme indépendante est contredite par les faits les plus simples, tandis que
la théorie matérialiste repose sur l'expérience et la réalité.
Quant aux systèmes qui cherchent à concilier les deux doctrines, ils ne peuvent le faire qu'aux dépens de la clarté et
de la justesse du raisonnement.

D'autre part, le problème de l'*origine de l'homme* a reçu, au XIXᵉ siècle, une solution scientifique. On sait maintenant qu'il n'a pas été créé brusquement, mais qu'il forme le
dernier anneau d'une chaîne qui le relie au reste du monde
organique, et qu'il n'est, comme les autres animaux, que le
résultat d'une longue évolution poursuivie au cours des
âges. Il règne à la vérité sur l'origine même de la vie un
mystère que les adversaires du matérialisme cherchent à
exploiter à son détriment. Nous ne pouvons dire qu'une
chose, c'est que cette origine a dû également être naturelle,
et que la vie a été le résultat de la combinaison des éléments
inorganiques sous des conditions encore à déterminer.

Si l'homme n'est que le produit des forces naturelles, il
est certain que ni son être matériel, ni son être psychique
ne peuvent renfermer d'éléments qui ne correspondent pas à

la nature. Dès lors, tombent toutes les théories spiritualistes sur les idées innées et sur les erreurs des sens. L'anatomie comparée nous montre en effet que ceux-ci se sont
développés très lentement au cours des âges sous l'influence
même des forces naturelles; aussi est-il nécessaire d'admettre entre la nature et nos sens une corrélation stable et dé-
terminée. Il ne saurait y avoir de phénomène naturel de
quelque importance, qui n'ait son retentissement dans notre sensorium ou que du moins l'observation, l'expérience et
la réflexion ne nous fassent connaître. Aussi, la proposition
si souvent émise par les spiritualistes : « Autres sens, autres
mondes, » n'a-t-elle aucune signification; car dans le monde
présent il ne peut y avoir d'autres sens que ceux qui existent
et l'idée qu'on se fait de sens et de mondes disposés autrement appartient à la pure rêverie. S'il y avait, derrière les
phénomènes tels qu'ils nous apparaissent, une autre chose
que nous ne puissions saisir, cela n'aurait aucune importance. Nous avons besoin de savoir ce que les choses sont
pour nous et non en elles-mêmes. Nous ne chercherons pas
non plus à connaître la matière, la force et le mouvement en
soi; car nous ne connaissons ces éléments que réunis. Ce
sont les grandeurs inconnues dont les combinaisons infinies
constituent l'univers.

On a récemment cherché à substituer le terme de « Monisme » à celui de Matérialisme, qui fait croire à tort que
les partisans de cette doctrine veulent tout expliquer par la
matière seule. Le monisme (1) s'oppose au dualisme de l'esprit et de la matière qui régnait jusqu'à ce jour. Cependant
j'ai conservé l'expression de Matérialisme, parce que c'est la
plus connue, et que, sans elle, on risque d'être mal compris.
Son seul inconvénient, c'est que pour beaucoup de gens elle
représente une croyance très vulgaire, opposée à tout idéal.

(1) E. Haeckel, le Monisme, lien entre la religion et la science.
Préface et traduction de G. Vacher de Lapouge. Paris, Schleicher, 1897.

La cause en est la fausse idée qu'on s'est faite jusqu'à présent de la matière, et, d'autre part, l'opposition non moins fausse qu'on a établie entre les termes de « matérialisme » et « d'idéalisme ». Le véritable contraire du matérialisme est le spiritualisme, tandis que celui de l'idéalisme est le réalisme. Il n'y a pas de philosophie plus élevée que le matérialisme. Tout d'abord, au point de vue théorique, il ne recourt pas à des causes surnaturelles pour expliquer les phénomènes; il n'oppose pas, comme l'idéalisme, de barrières à la recherche scientifique. Il cherche au contraire à pénétrer le sens profond des choses et leurs relations causales. Au point de vue pratique, au lieu de placer le monde idéal en dehors de nous, il le met en nous-mêmes et cherche à amener sa réalisation.

Ces considérations nous amènent à examiner l'influence du matérialisme sur les sociétés humaines. Celles-ci, malgré ou peut-être à cause de l'action prolongée d'un spiritualisme exagéré, semblent plus éloignées que jamais de la réalisation d'un idéal pratique. Il faudrait qu'elles se rendent compte que le secret du bonheur et de la moralité se trouvent en elles-mêmes et dans l'aide réciproque de leurs divers membres. On rend les hommes heureux non en leur faisant réciter des prières, mais en organisant la société de telle façon que tous ceux qui remplissent leur devoir soient assurés de ne pas souffrir. Si ce but était atteint, la plus grande partie des crimes disparaîtraient. Le bien et le mal doivent s'entendre seulement au point de vue de la prospérité de la société. Le juste fait le bien et évite le mal, non parce que Dieu a placé en lui une « conscience » ou bien une loi morale innée, mais parce qu'il souffre quand il voit d'autres souffrir, qu'il se réjouit avec eux et que la sélection naturelle a développé en lui un instinct moral héréditaire, de même que chez tous les animaux elle a développé l'instinct altruiste de l'amour maternel, et que chez quelques-uns d'entre eux elle a produit des instincts sociaux. L'éducation et l'action du milieu rendent cet instinct moral plus ou moins fort. Les habitudes sociales et la crainte des lois agissent aussi pour rendre le caractère de plus en plus moral. C'est, en somme, la nécessité et non la libre volonté qui constituent la base de la moralité.

Le matérialisme moderne se distingue de toutes les autres philosophies par le rôle qu'y joue la science. La force, la matière et l'évolution sont les trois termes logiques qui rendent intelligible l'ordre de l'univers. D'ailleurs, même en dehors du principe d'évolution, le matérialisme a toujours été la philosophie plus ou moins consciente de toute saine intelligence. Il n'emploie pas un verbalisme grandiloquent, pour cacher la vérité ou la rendre méconnaissable. Il ne joue pas avec des phrases ou avec des comparaisons et des antithèses vides de sens; il ignore toutes les subtilités des métaphysiciens. Il se contente de ce que nous pouvons savoir avec les moyens dont nous disposons, sans courir après l'inaccessible. Les sciences naturelles modernes sont entièrement matérialistes, tant par leur contenu que par leur méthode. Car elles ne connaissent pas d'autres éléments que la matière en mouvement. C'est à celle-ci qu'on pourrait appliquer l'inscription du vieux temple de Saïs, en Égypte : « Je suis tout ce qui a été, ce qui est et ce qui sera; aucun homme n'a soulevé le voile sous lequel repose mon immortalité. »

V

LA RELIGION

Les progrès continus de nos connaissances contribuent à
modifier incessamment nos idées sur le monde et sur la vie.
La religion ne prend aucune part à ce mouvement ; malgré
les efforts des penseurs, elle reste à peu près immuable depuis environ 2.000 ans. La force de l'habitude, la paresse
intellectuelle et le respect de la tradition retiennent toujours
les masses dans le giron de l'Église. Les hommes d'État
favorisent en général cet état de choses, dans la croyance
que la religion est indispensable pour sauvegarder l'ordre
social et retenir les peuples dans l'obéissance. On semble
craindre, dans les sphères aristocratiques, que l'influence
de l'Église et de ses représentants ne soit diminuée par les
progrès de la pensée humaine. Mais on ne songe pas à se
demander si une institution qu'on ne peut conserver qu'en
la rendant obligatoire mérite réellement d'être conservée.
L'histoire montre que tout ce qui était réellement bon et
vrai a fini par surmonter toutes les difficultés. S'il n'en est
pas ainsi avec la religion de l'époque actuelle, si elle ne peut
se soutenir par sa valeur propre et par la conviction seule,
si elle a besoin d'une aide étrangère, on peut douter de
sa vérité. Il est permis de conserver l'ordre social par des

mesures coercitives; mais on ne saurait commander à la conscience, sans violer les intérêts les plus sacrés de l'humanité, maintenir les masses populaires dans un état d'abêtissement et de superstition, et transformer les gens capables de réflexion en martyrs ou en hypocrites.

On a dit qu'il serait cruel de priver les enfants d'un enseignement religieux; mais il est beaucoup plus cruel de leur cacher les vérités acquises par la science moderne et de jeter en eux les germes des doutes qui les tourmenteront lorsque, ayant appris ces vérités, ils ne sauront comment les concilier avec les dogmes de la foi. Il est cruel également de mettre à la place de la religion la croyance à certaines formules confessionnelles, et de provoquer par là le fanatisme et la discorde.

D'ailleurs la confusion de la *religion* et de la *confession* a toujours eu les résultats les plus déplorables. Le librepenseur peut avoir une religion, mais il n'appartient à aucune confession. La première enseigne l'amour du prochain est l'esprit de sacrifice; la seconde, au contraire, apprend la haine et le mépris de ceux qui pensent autrement, la soumission aveugle à des dogmes et à des articles de foi, qui choquent la plupart du temps la raison.

On peut dire sans exagération que l'immoralité a été toujours la plus grande aux époques où l'autorité de l'Église était la plus puissante et chez les peuples les plus religieux. Les horreurs dont est remplie toute l'histoire du Moyen-Age, celles (1) commises en Europe et dans leurs expéditions coloniales par les Anglais et les Espagnols en sont des exemples frappants.

On sait que les crimes les plus horribles s'accompagnent en général d'une religiosité exagérée, et cela chez l'individu aussi bien que dans les sociétés. Le dogme chrétien de la rémission du péché et du pardon par la foi semble même inviter au péché. La Bible ne dit-elle pas qu'il y a au ciel

(1) Note du traducteur.

5

plus de joie pour un seul pécheur repenti que pour cent justes sauvés? D'après le dogme, tout croyant mérite les félicités
éternelles, et peu importe qu'il soit un coquin ou un modèle
de vertu. La foi seule donne plus de droit au Paradis que
la vie la plus morale, si celle-ci n'est pas sanctifiée par elle.

On n'a d'ailleurs qu'à jeter un coup d'œil sur la statis-
tique criminelle pour se convaincre que la religiosité ne
préserve pas du crime, mais lui est, au contraire, souvent
associée. Enfin les membres du clergé eux-mêmes semblent
avouer qu'ils n'ont eu qu'une influence moralisatrice très
faible, puisqu'on les entend sans cesse déplorer la méchan-
ceté des hommes, la diminution de la foi et le relâchement
des mœurs. Quant aux dignitaires de l'Église, ils ont toujours su fort bien défendre leurs propres intérêts, et ils ont
totalement oublié la parole de leur maître disant que son
royaume n'est pas de ce monde. Si Jésus-Christ revenait
snr terre, il serait bien étonné de voir ce que ses prêtres ont
fait de sa religion. D'ailleurs un second Messie n'aurait pas
un sort meilleur. On ne le crucifierait pas, mais la haine, la
calomnie et la persécution seraient son lot, comme elles ont
été celui de tous les novateurs.

Je ne prétends d'ailleurs pas attaquer la religion en elle-
même, prise au sens véritable du mot. Son étymologie
même est obscure; tandis que les Latins le faisaient venir
de *relegere* (relire, réfléchir), saint Augustin le déduisait
de *religere* (relier) et lui donna le sens d'union intime de
l'âme avec Dieu. Ce fut malheureusement cette étymologie
qui prévalut; elle donna lieu à tous les abus du mysticisme.
Aujourd'hui la définition la plus habituelle et la plus simple de la religion est celle d'une croyance au surnaturel.
Elle est du reste sujette à caution. En effet, dans l'animisme,
qui constitue le premier stade de toute religion, le sauvage
qui prête une âme à tous les objets qui l'entourent ne fait
pas encore de distinction entre le naturel et le surnaturel.
D'autre part, le bouddhisme, avec son demi-milliard de

fidèles, ne reconnaît, dans sa forme primitive, ni Dieu ni immortalité de l'âme, il manque donc des deux éléments qui, d'après nos théologiens, sont indispensables à une religion. Enfin il existe une secte très répandue qui défend avec zèle la croyance au surnaturel, et qui cependant n'a aucune prétention à constituer une religion. Ce sont les spirites, qui croient à l'existence d'esprits et de fantômes, et qui prennent leurs imaginations pour le dernier mot de la science, alors qu'elles n'ont pas plus de valeur que celles des sauvages animistes les plus grossiers.

Pour surmonter ces difficultés, on a essayé d'élargir la définition, et on a dit que la religion était la relation de l'homme avec l'incompréhensible. Mais on tombe alors dans le domaine de l'indéterminé. En effet, la science elle-même n'est remplie que de choses inconcevables, telles la nature des atomes ou de l'éther, l'attraction à distance, la rapidité de la lumière, de l'électricité ou des mouvements moléculaires, etc. On serait alors amené à dire que la religion exprime le rapport de l'homme avec la science ou avec l'incompréhensible dans la science, ce qui ne viendra à l'esprit de personne.

D'ailleurs dans toutes les définitions qui tiennent compte de l'homme, on ne devrait pas oublier que les premières traces de religion se rencontrent chez les animaux. Elles prennent la forme de cette crainte instinctive de l'inconnu et du mystérieux, qui a également dû jouer un rôle dans l'âme de l'homme primitif.

Le même reproche s'adresse à une autre définition, d'après laquelle la religion serait l'expression du rapport de l'homme avec l'éternel et l'infini. Mais il faut faire observer que la croyance à l'éternité et à l'absence de limites de l'univers constitue un des principes fondamentaux des écoles matérialistes, et que, par suite, la religion, au sens traditionnel du mot, ne saurait prendre la même base.

Pour échapper à cette objection, on a dit que la religion était le rapport de l'homme avec la cause première de toutes

choses. Mais cette définition est incompatible non seulement
avec l'animisme et le fétichisme, mais encore avec une des
formes religieuses les plus répandues, le culte des ancêtres.
D'autre part, la « cause première de toutes choses » n'est
pas un concept religieux, mais philosophique, qui ne devient
possible qu'à un état de civilisation assez avancé. Par suite
il ne peut servir de base à un sentiment aussi obscur en ses
débuts et aussi général que le sentiment religieux.

D'après D. F. Strauss, la religion est le sentiment que
l'homme éprouve de sa dépendance d'un être plus élevé
que lui. Cette définition est trop vague, et comme, dans les
sociétés humaines, la dépendance réciproque est la règle, on
devrait d'après elle adorer ses supérieurs.

Enfin il reste à examiner les définitions qui, par une péti-
tion de principe, mettent en avant l'élément théologique, et
expriment le rapport de l'homme avec Dieu, de l'esprit ou
de la conscience humaine avec l'esprit ou la conscience de
Dieu. Toutes ont le défaut de ne s'appliquer qu'aux religions basées sur l'idée d'un Dieu personnel. Elles ne tiennent compte ni du bouddhisme, ni de l'animisme et du fétichisme, ni du culte des ancêtres, ni de celui de la nature,
ni de l'opinion de ceux qui pensent avoir une religion, tout
en se passant de la croyance en un Dieu défini.

Après toutes ces éliminations, il ne nous resterait qu'à
revenir à la première définition, celle qui confond la religion
avec la croyance au surnaturel. Les objections tirées de
l'animisme, du bouddhisme et du spiritisme pourraient être
assez facilement réfutées. En effet, l'animisme ne constitue
pas une religion, mais n'en est que le premier stade ; sous
forme de fétichisme, il admet l'existence d'esprits habitant
le fétiche, c'est-à-dire, en somme, d'êtres surnaturels. Malgré
ses analogies avec le christianisme, le bouddhisme ne cons-
tituait pas, à l'origine, une religion, mais bien un système
philosophique ; ce n'est que plus tard qu'il s'est mêlé d'éléments étrangers qui en ont fait un culte véritable. Enfin, le
spiritisme mérite plutôt le nom de religion que celui de

science ou de système philosophique ; car il repose sur la croyance à des puissances surnaturelles, et se rapproche encore d'une religion véritable par le fanatisme et l'esprit sectaire de ses partisans.

A la foi au surnaturel s'oppose la croyance aux lois éternelles et immuables de la nature : elle constitue la *religion du libre-penseur*. Car le libre-penseur lui-même a une religion, ou du moins peut en avoir une, en attribuant à ce mot le sens de tendances idéales dépassant la portée de la vie humaine et satisfaisant le cœur et la raison, sans se lier à des dogmes définis. Cette religion, basée sur la croyance au progrès et à la victoire définitive du Vrai, du Bien et du Juste, devrait être celle de tout homme bon et honnête, qu'il soit chrétien ou païen, théiste, panthéiste ou athée.

Cette religion, éclairée et guidée par la raison, devra amener les individus et les peuples à un amour et une fraternité réciproques, tandis que les religions dogmatiques n'ont provoqué que le fanatisme et les persécutions. De plus, elle ne sera pas, comme ces dernières, en conflit perpétuel avec la science, parce que, loin de chercher à commander à la raison, elle lui obéira. Elle ne divisera pas les hommes, comme le christianisme, en sectes ennemies les unes des autres. Elle reviendra au contraire à la doctrine primitive de Jésus-Christ, qui ne voulait qu'une seule religion, et qui prêchait l'amour et la paix entre les hommes.

Il faut espérer que cette religion de l'humanité ou de la libre-pensée remplacera les cultes actuellement existants. Les églises et les temples se transformeront en écoles et en bibliothèques ; aux crimes contre l'État ou la société s'opposera une digue plus puissante que les sermons et les cérémonies religieuses. L'amour des hommes les uns pour les autres et le bonheur qui en découlera seront les seules divinités que connaîtront nos petits-fils.

Il est d'ailleurs difficile de dire combien il faudra encore de temps avant que ce but ne soit atteint. D'une part, en effet (1) les masses populaires sont encore bien loin de pouvoir se passer de l'appui d'une religion positive, et, d'autre part, les persécutions inconsidérées dirigées contre l'Église par certains sectaires ont provoqué de la part de celle-ci une recrudescence d'activité. Il faut laisser l'évolution suivre son cours normal, la lumière se faire peu à peu dans les esprits ; en cherchant à hâter le mouvement, on ne peut que provoquer l'anarchie morale.

Les gouvernants craignent beaucoup que la diminution des croyances religieuses amène un mécontentement général et des tendances révolutionnaires dangereuses. Le meilleur moyen d'y parer serait de rechercher avec soin les causes provoquant ces troubles politiques, sociaux et moraux, afin d'y mettre un terme par des moyens pacifiques. En le faisant, on agirait comme un médecin sérieux qui cherche à couper le mal dans sa racine même, tandis que le charlatan prend le symptôme pour la maladie elle-même, et, en le combattant, aggrave celle-ci. C'est actuellement le procédé le plus en vogue chez les gouvernants de tous pays. La recherche des causes du mal social demande trop de peines, d'études et de sacrifices. Aussi continue-t-on à garantir la paix sociale — ce prétexte à toutes les iniquités — en fermant la bouche à tous ceux qui seraient tentés d'élever une critique et en aidant les dogmes religieux à triompher de la raison et de la science.

L'histoire nous apprend cependant que les clergés ont toujours cherché à arrêter le progrès, à terroriser les consciences, et à détourner la pensée de tout objet raisonnable. De plus, au cours des âges, l'humanité a dépensé des sommes folles de travail et d'énergie pour ses rêves religieux. Qu'on se représente combien le culte des morts en Chine ou dans l'Égypte ancienne a mis d'entraves à la civilisation ! Voit-on tout un peuple esclave et mourant de faim construire les temples gigantesques et les pyramides de la val-

(1) Note du traducteur.

lée du Nil ! Au Moyen-Age, les meilleures énergies des
nations européennes étaient drainées par les couvents ou
paralysées par la crainte de l'enfer; la fortune des particuliers servait à enrichir les communautés religieuses. Les
sommes relativement faibles dépensées par les États modernes pour l'entretien des prêtres et des monuments religieux ne peuvent nous donner qu'une idée bien atténuée
des pertes matérielles et morales occasionnées par l'Église
jusqu'à une époque toute récente.

L'opposition du dogme chrétien et de la science est trop
profonde pour qu'on puisse espérer la combler. Les efforts
de théologiens libéraux pour fonder une doctrine chrétienne
modernisée sont restés vains jusqu'à ce jour ; l'orthodoxie
a du reste raison d'interdire toute intrusion d'innovations
rationnelles dans son domaine. La religion, au sens chrétien,
ne comporte pas l'examen, mais la foi en un dogme fixé une
fois pour toutes (1). Les pères de l'Église, en rejetant simplement la science parce qu'ils avaient à s'occuper de choses
meilleures, ont condamné sans réplique toute recherche
dépassant le dogme; comme s'il pouvait y avoir un meilleur but de l'existence que la recherche de la vérité ! C'est
grâce à cette décision qu'on vit cette longue période de nullité intellectuelle et de théocratie, qui va de Constantin à la
Réforme et même au delà. C'est d'elle que Frédéric le Grand
a dit que, lorsqu'on étudie l'histoire, on est amené à croire
à une folie générale de l'humanité pendant le Moyen-Age.

Actuellement bien des gens ont rejeté les dogmes du
Christianisme, mais lui restent cependant attachés à cause de
la valeur morale qu'on lui attribue. Il faut cependant savoir
que toutes les vérités morales qu'enseigne cette religion
étaient déjà connues de longue date, et que les vertus telles que la fraternité et l'amour mutuel ont été recommandées par de nombreux écrivains anciens. Il est donc abso-

(1) C'est la conclusion à laquelle est arrivé M. Topinard dans son
ouvrage intitulé : *Science et Foi*, Paris, 1900. — Note du traducteur.

lument faux de prétendre que le Christianisme ait introduit dans le monde des vérités morales inconnues auparavant.

Il est du reste dépassé à ce point de vue par une religion encore bien plus répandue que lui, le Bouddhisme, auquel il a fait de nombreux emprunts. Le fameux principe : « Ne faites pas à votre prochain ce que vous ne voudriez pas qu'il vous fît, » se trouve déjà dans la religion de Bouddha, et était certainement connu des anciens Persans, Chinois et Égyptiens. Par son opposition au mariage et à la famille et son exaltation de la chasteté, par son mépris de la propriété et en tolérant l'esclavage, le Christianisme s'est mis en opposition avec les principes les mieux établis de l'économie politique. Des milliers de victimes innocentes ont été sacrifiées, dans d'horribles supplices, au fanatisme de ses prêtres. Il a détruit la culture antique et ramené l'art à ses formes les plus primitives ; enfin, il a développé, par le culte des images, des plaies ou du cœur du Christ et de la Vierge, ou par celui des reliques des saints, un fétichisme des plus grossiers.

Aussi est-il certain que cette religion, du moins dans sa forme actuelle, ne peut servir de base durable à notre civilisation. Si l'on n'a pas fait encore d'efforts sérieux pour secouer le joug, cela tient d'une part à la force de l'habitude et de l'éducation, d'autre part aux intérêts en jeu pour maintenir l'ancien état de choses, et à l'insuffisance de la culture morale et scientifique des peuples. Pour le moment, il est certain que cette religion dogmatique ne sera pas remplacée par une autre du même genre. La métaphysique religieuse a donné ce qu'elle est capable de donner, avec le Bouddhisme et le Christianisme (l'Islamisme n'ayant guère d'originalité) ; aussi peut-on affirmer qu'à l'avenir elle est condamnée à la stérilité ou à se répéter. Le culte s'accorde aussi peu que le dogme avec l'esprit de la société future. On peut prédire que tous deux disparaîtront et que la croyance des siècles prochains s'appuiera simplement sur la science et ses résultats.

Beaucoup de gens pensent que, dans l'avenir on n'aura que le choix entre l'athéisme et telle ou telle religion. D'autres croient que le panthéisme sera la religion de l'avenir. Malheureusement la science ne nous montre rien de si divin dans l'univers, qui permette d'identifier Dieu et le Monde. D'après M. Guyau, la solution se trouverait dans le Monisme, qui permettrait la conciliation des théories matérialistes et spiritualistes, de la science objective avec la connaissance subjective donnée par la conscience. L'univers est un ; il n'y a pas deux modes différents d'existence ; l'esprit et la matière sont unis dans le concept de la vie universelle qui comprend même le monde inorganique. D'ailleurs, il est certain que la vie, au sens ordinaire du mot, n'est pas limitée à notre globe terrestre qui ne joue qu'un rôle tout à fait infime dans l'ensemble de l'univers. L'identité de composition des corps célestes prouvée par l'analyse spectrale montre qu'un très grand nombre de leurs satellites doivent être capables de servir de support à une vie organique très analogue à celle que nous observons sur la terre.

L'Anglais J.-C. Morison, après avoir montré qu'il y a une tendance générale à rejeter la foi chrétienne et à tomber dans le scepticisme scientifique, cherche à remplacer la religion par une sorte de « culte de l'humanité » ou d'entraînement de l'homme vers le bien. La théorie philosophique du libre arbitre est aussi erronée que la doctrine théologique de la grâce divine. La conduite dépend du caractère, des habitudes, de l'éducation. D'autre part, l'expérience de chaque jour montre que la vertu ne trouve pas en elle-même sa récompense et que, bien souvent le méchant triomphe, tandis que l'homme bon et juste est malheureux et persécuté. Aussi la morale ne peut-elle être enseignée par la persuasion seule. Ce sera le rôle d'une société organisée savamment de favoriser par ses institutions, l'éclosion dans chacun de ses membres, de sentiments altruistes, et la destruction des instincts égoïstes.

On peut objecter à cette théorie que la société actuelle opère déjà dans une certaine mesure cet entraînement, par ses lois, ses châtiments, ses écoles, ses mœurs, etc. Mais elle ne le fait pas d'une façon suivie et le résultat moral n'est que fortuit. Si la société doit prétendre à moraliser ses membres il faut tout d'abord qu'elle mette fin aux injustices sociales. Il faut que l'homme soit heureux, pour pouvoir être bon et vertueux; le crime est en général l'apanage de la misère. Une société organisée d'une façon morale, sur les principes de la justice et de la prospérité générale, donnerait déjà par elle-même peu de prétextes aux crimes, de sorte que, même sans entraînement formel, ceux-ci deviendraient de moins en moins fréquents. Si l'on ajoute à cela l'influence de l'exemple et de l'éducation, celle des qualités transmises héréditairement par des parents élevés eux-mêmes dans un milieu moral, on aura un état social très satisfaisant, que ni la religion, ni les sermons ou la crainte des châtiments n'auraient pu produire.

La nature intellectuelle de l'homme deviendra dès lors meilleure, ses bons instincts l'emporteront d'eux-mêmes sur les mauvais, et les nombreuses institutions destinées à prévenir ou à punir le crime deviendront de plus en plus inutiles. Il viendra un temps où les prêtres, les églises, les tribunaux, les prisons et les échafauds ayant disparu, on étudiera notre état social actuel avec le même étonnement que nous considérons le Moyen-Age ou d'autres époques barbares; un temps où l'altruisme aura définitivement vaincu l'égoïsme qui règne aujourd'hui. Bien entendu il faut, pour permettre l'avènement de cette ère de bonheur universel, tout d'abord détruire le paupérisme, instruire le peuple, l'habituer à réfléchir et à commander à ses passions, lui donner la liberté dont alors seulement il sera digne; enfin il faut toujours et partout combattre la toute-puissance de l'argent, source de toute les injustices sociales. Nous verrons, dans un des chapitres suivants, comment ces buts multiples pourront être atteints.

VI

LE SPIRITISME

L'animisme des primitifs et le culte des ancêtres. — Spiritisme et spiritualisme.— Esprits modernes et démons du Moyen-Age.— Causes du succès du spiritisme. — Son absurdité et ses dangers. — L'hypnotisme et ses exagérations. — La télépathie et les liseurs de pensée. — La suggestion hypnotique et l'état de veille. — La suggestion du milieu.

L'un des phénomènes les plus extraordinaires et qui prouve le mieux la faiblesse native de la raison humaine est la persistance, dans notre siècle de science, de la croyance aux fantômes. Cette superstition, qui a pris, avec le spiritisme, un développement tout à fait inattendu, se rattache à l'une des aberrations les plus anciennes de la pensée. Il n'y a pas en effet de différence entre les esprits qui terrorisaient l'homme primitif ou ceux que redoute le sauvage fétichiste de nos jours, et les conceptions délirantes des adeptes de cette doctrine qu'on prétend philosophique.

Chez les primitifs de tous les temps la crainte de l'inconnu, la terreur provoquée par certains phénomènes ont donné lieu à la croyance à des puissances surnaturelles et invisibles. D'autre part, l'hypothèse de la dualité de la nature humaine et de la possibilité pour l'âme d'être détachée du corps, fournissait une explication toute naturelle pour le sommeil, le rêve, la syncope, les hallucinations et surtout la mort. On pensait que les âmes des morts erraient de par le monde et pouvaient exercer sur les vivants une influence redoutable. On se les représentait d'ailleurs comme des êtres matériels, des sortes d'ombres ayant encore la forme du corps auquel elles ont appartenu.

Cette croyance a donné naissance, d'une part au culte des ancêtres, qui est encore pratiqué de nos jours en Extrême-Orient, et qui y tient lieu de religion véritable. D'autre part, elle a produit chez les sauvages une crainte constante de l'influence néfaste des esprits qui, d'après eux, se manifeste dans les circonstances les plus variées, et contre laquelle il convient de se protéger par la sorcellerie. Si un homme devient malade, c'est qu'un esprit mauvais a élu domicile en lui; on peut l'en chasser par des charmes et des incantations. Les esprits ont tantôt la forme humaine, tantôt celle d'un animal, ou d'un monstre créé par la fantaisie. Ils peuvent aussi résider dans un objet visible, dans une pierre, un os, un arbre, un animal, etc. Lorsqu'un individu délire ou devient fou, c'est que l'esprit mauvais qui s'est emparé de lui parle par sa bouche. Nous arrivons ainsi aux histoires de possédés et d'exorcismes dont fourmille le Moyen-Age. En effet, les procédés par lesquels les prêtres catholiques prétendaient chasser les démons ne diffèrent pas essentiellement de ceux employés par les sorciers ou les « médecins » nègres ou indiens.

Le spiritisme n'est donc pas une chose nouvelle. Sous des noms différents, la croyance aux esprits a existé à toutes les époques. La tendance de la nature humaine à la superstition, sa foi au miracle et au surnaturel, ont toujours été aussi fortes ; elles ont seulement pris des formes correspondant à l'état de la civilisation et des connaissances de chaque époque. Autrefois, on croyait aux oracles, on faisait des sacrifices, on étudiait le vol des oiseaux; plus tard on a eu une période de magie, de démonomanie, d'exorcismes et d'astrologie. Maintenant, on a les tables tournantes, les esprits frappeurs, la psychographie, le somnambulisme, la théorie de l'od, la télépathie, l'hypnotisme mal compris. On a même vu reparaître le vieil animisme qui date des premiers âges de l'humanité; seulement les âmes des défunts, au lieu de tourmenter les vivants, se contentent, dans le moderne spiritisme, de se livrer à d'innocents jeux de société et à d'amusants tours de passe-passe.

Bien que les individus qui, sous le nom de médiums, se livrent à ces sortes d'expériences aient été maintes et maintes fois démasqués, la folie spirite n'a pas diminué, mais, grâce au courant réactionnaire qui se fait actuellement sentir, son extension a plutôt augmenté. Il y a même de soi-disant savants qui croient voir dans les jongleries spirites le dernier mot de la science des mondes supérieurs. Ils ont fait de la doctrine un système cohérent qui en impose aux ignorants, de sorte qu'elle compte d'innombrables partisans. Elle a du reste profité de ce que, grâce à la lutte avec le matérialisme, le spiritualisme a de nouveau gagné du terrain ; et elle cherche, tout à fait à tort, à se confondre avec lui. Le *spiritualisme* est une doctrine philosophique de l'univers et, comme tel, il peut être discuté, tandis que le *spiritisme* ou croyance aux esprits n'a pas droit de cité dans la science. Cependant, il y a une parenté entre les deux doctrines et Dühring n'a pas tort de dire que le spiritualisme philosophique n'est qu'un spiritisme affaibli, ou que le spiritisme est l'application pratique des théories métaphysiques. Celui-ci a du reste sur le premier l'avantage de s'appuyer sur de prétendus faits expérimentaux et de rassembler sous son pavillon les pauvres d'esprit, comme autrefois le christianisme avait réuni les misérables de tous les peuples. Quoi qu'il en soit, la confusion rêvée avec le spiritualisme est dénuée de toute espèce de raison.

Nous avons remarqué que les *esprits*, suivant le progrès général, sont devenus plus civilisés que leurs devanciers. Ils ont aussi une constitution plus éthérée et leur « corps astral », dédaignant toutes les lois du monde matériel, passe à travers les portes les plus fermées. Les spirites amé-

ricains croient cependant avoir découvert que ces « intelli-
gences invisibles » ont un poids de 3 à 4 onces. A part
leur tendance à faire des plaisanteries d'un goût douteux
et la stupidité de leurs révélations sur l'Au-Delà, elles
sont d'un commerce plutôt agréable, surtout si l'on se
rappelle les mauvais tours joués par les Kobolds des temps
passés. Il faut admirer la complaisance avec laquelle ces
esprits écoutent l'appel des médiums, alors que les démons
du Moyen-Age n'obéissaient qu'aux conjurations des magi-
ciens les plus puissants. C'est aussi par une grande ama-
bilité que ces « sujets transcendants » n'emploient pour
se manifester que des moyens aussi grossiers. Naguère il
en allait autrement ; on entendait des voix descendre du
ciel ou sortir des nuages ; et les fantômes apparaissaient en
personne, souvent au moment où on les désirait le moins.
Il est difficile de comprendre pourquoi, depuis quarante ou
cinquante ans, ils se sont bornés à visiter les assemblées
spirites, à venir habiter les pieds des tables, et à ne communiquer avec les vivants que par le procédé si long et si
compliqué des coups frappés. Quant à leurs révélations
sur la vie future, elles ne nous ont rien appris de nouveau ;
en tous les cas, le sort de ces esprits qui errent, inutiles,
de par le monde, et qui sont forcés d'obéir au premier
médium venu et de venir se loger dans un meuble ou une
sonnette, semble peu digne d'envie.

On sait que tous les observateurs sérieux ont constaté
que les séances spirites n'étaient que des tours de prestidi-
gitation habilement exécutés. D'ailleurs il est inutile même
de vérifier l'exactitude de ces expériences, puisqu'elles con-
tredisent la saine raison et sont en opposition avec toutes
les lois de la nature. Mais la tendance de l'esprit humain à
se perdre dans le mysticisme est indestructible, et notre
époque a, malgré tous les progrès scientifiques, des idées
réactionnaires qui n'ont pu que profiter au spiritisme. D'autre part, à mesure que s'affaiblit la croyance aux dogmes

religieux, on éprouve le besoin de les remplacer par autre chose. La science et la philosophie ne peuvent tenir lieu de religion que pour un très petit nombre de gens. Les autres se tournent avec plaisir vers une doctrine qui satisfait leur besoin de surnaturel et qui a en outre le charme du merveilleux et du mystérieux. Enfin, quelques adeptes du spiritisme ont réussi à jeter sur lui un voile scientifique; ils prétendent avoir résolu, par les « sciences occultes », le problème de la destinée humaine, avoir réconcilié la métaphysique et la science. Celui qui ne veut pas croire que « les morts sont plus vivants que les vivants » ou que les esprits peuvent traverser les portes fermées, est qualifié de « matérialiste incorrigible »; il ressemble à un homme qui, « fermant les yeux, nierait la lumière ».

Bien que le spiritisme ne mérite pas une réfutation sérieuse, quelques savants ont cru devoir lui opposer des arguments scientifiques ou philosophiques. Dans une lettre ouverte au professeur H. Ulrici, qui s'était laissé duper par le medium Slade, W. Wundt fait ressortir la parenté du spiritisme avec les formes les plus grossières de l'animisme. Il montre que, par les qualités qu'il attribue à l'esprit, il a des tendances tout à fait matérialistes. Ed. v. Hartmann, le philosophe de l'Inconscient, s'étonne de voir présenter la vie future, telle que l'entendent les spirites, comme une consolation. « Qu'y a-t-il de plus terrible, dit-il, que d'être tourmenté encore dans la mort par les soucis de la vie, sans avoir le pouvoir d'intervenir par ses actes ?... Une telle immortalité ne peut qu'augmenter la crainte de la mort. D'ailleurs cette croyance à la persistance de la vie de l'âme, que le spiritisme prétend étayer, n'est consolante que pour les esprits optimistes et désireux de vie; le pessimiste serait encore plus désolé si la vérité du spiritisme devait jamais être démontrée. »

Que sont ces esprits qui « se précipitent sur un médium plongé dans le somnambulisme, tels les papillons qui, dans une nuit d'été, volent vers la lampe »? Dans quel but visitent-ils les lieux où ils ont vécu et que penser du rôle des médiums qui sont supposés leur servir d'intermédiaires ? A ce point de vue le spiritisme est un danger social, et la police aurait le droit de l'interdire, si elle ne préférait s'en rapporter à la force guérissante du milieu et à la médecine. Il ne faut pas oublier en effet (1) que les pratiques spirites provoquent chez beaucoup d'adeptes un véritable dérangement cérébral, qui les rend justiciables de l'aliéniste. Ces gens ne vivent plus que dans leur rêve et se livrent pieds et poings liés au charlatan qui les exploite.

« Il faut bien se rendre compte, continue Hartmann, qu'un esprit dépourvu de corps ne peut absolument rien, et qu'un esprit matérialisé ne peut accomplir que les actes qui sont possibles à son médium. Si on ne pénètre pas de suite tous les tours des prestidigitateurs, on sait cependant qu'il n'y a en eux rien que de naturel. De même les actes de médiums ne doivent pas être considérés comme surnaturels parce qu'on n'a pas encore dévoilé tous leurs trucs. »

Mais il est inutile de combattre contre la bêtise humaine, et il s'écoulera sans doute encore bien des années avant que le spiritisme ait disparu ou qu'il ait fait place à un autre charlatanisme plus moderne. Qui veut voir ou entendre des esprits trouvera toujours occasion de le faire ; il ne se laissera même pas arrêter par la faible dose d'intelligence dont témoignent en général ces créations de l'imagination des médiums. De même que pour les maladies du corps, il y a des épidémies pour celles de la raison. Toutes finissent par passer. On peut comparer également l'évolution de l'esprit humain vers la vérité à celle des organismes. Notre corps porte les marques indéniables de son origine animale ; de même dans notre esprit persistent les rudiments des superstitions les plus antiques; sous l'empire de certaines circonstances ils se développent et donnent lieu à des produits

(1) Note du traducteur.

bizarres tels que le spiritisme, l'occultisme et la théosophie. Mais heureusement ces aberrations n'atteignent malgré tout que des cercles assez restreints et ne peuvent arrêter la marche triomphante de la vérité scientifique.

Nous ne pouvons passer sous silence les rapports du spiritisme avec l'*hypnotisme*. Dans cet ordre de connaissances
également, l'amour du merveilleux a fait commettre bien des
erreurs. On a cru voir des phénomènes appartenant au domaine du surnaturel, alors qu'en réalité aucun ne s'écarte
de ce qu'il est humainement possible de comprendre, aucun
n'est en opposition avec les principes de la psychophysio-
logie. Il n'y a pas trace d'inspiration venue d'en haut ni de
facultés surnaturelles, mais on observe simplement, au stade
du somnambulisme, une exaltation des facultés naturelles.
L'imagination, l'esprit d'imitation et l'excitation nerveuse
jouent d'ailleurs un grand rôle dans cet ordre de faits.
D'autre part, des exemples célèbres montrent jusqu'à quel
point des médecins, même expérimentés, peuvent se laisser
tromper par les fraudes des hystériques. Il faut donc la
plus grande prudence, quand on étudie l'hypnotisme, pour
séparer le faux du réel. Mais dès qu'on a découvert quelque
chose de nouveau ou de surprenant on est toujours porté à
l'exagération. De plus, en ce qui concerne l'hypnotisme,
notre époque à tendances mystiques ne saurait voir que
d'un bon œil les déviations auxquelles cet ordre d'études a
donné lieu.

On a cependant déjà reconnu l'inanité de certaines de
ces exagérations, telles que la vision à travers les corps
opaques, la lecture des pensées, le fluide ou le rapport magnétique, l'action des médicaments à distance. Elles ne
peuvent donc plus servir de support à des théories mystiques. En revanche, même dans certains milieux scientifiques, on a encore des doutes en ce qui concerne la *télépathie*
ou transport de la pensée à distance sans aucun intermé-

diaire matériel. Cependant, ce prétendu phénomène est en
contradiction flagrante avec toutes les lois naturelles et avec
l'expérience de chaque jour. Une sensation en dehors du
domaine des sens est totalement impossible. Personne ne
peut voir ce qui est en dehors du rayon de sa vue, ni entendre un son dont les ondes sonores n'atteignent pas son
oreille. Il est impossible de lire une lettre placée dans une
enveloppe opaque, ou de transmettre sa pensée à d'autres
sans l'intermédiaire des sens. Ce sont là des vérités qu'on
rougit presque d'avoir à dire, tellement elles sont courantes.

Comment se sentir en sûreté, si on avait constamment à
craindre que d'autres gens lisent vos plus secrètes pensées,
ou qu'ils agissent à distance et à votre insu sur vos décisions !
Traduit littéralement, le mot « télépathie » signifie une sensation à distance, ou bien une action exercée par seule
influence psychique par une personne sur une autre avec
laquelle elle se trouve en un soi-disant « rapport magnétique ». Or on sait maintenant que l'art des hypnotiseurs ne
repose pas, comme on le croyait, sur une force magnétique
qui leur est propre, mais peut être appris et appliqué par
tout le monde. Cependant il n'y a pas à nier qu'il y ait quel-
quefois, mais très rarement, des cas de transmission apparente de la pensée. Lorsqu'ils ne sont pas dus au hasard,
ils s'expliquent par l'auto-suggestion, qui se produit facilement chez les sujets entraînés. Ce phénomène, purement
subjectif, rend compte notamment de « l'hypnotisation à
distance » qui joue un si grand rôle dans les récits des magnétiseurs de profession. Il suffit de faire croire à une hys-
térique qu'on la magnétise à distance, pour la faire tomber
aussitôt dans le sommeil hypnotique. A l'inverse, si le sujet
ignore que le magnétiseur s'occupe de lui, tous les efforts
de celui-ci seront vains.

Une transmission de la pensée à distance, soit dans l'hypnose ou à l'état de veille, est si contraire aux données de la
science et de l'expérience journalière qu'on pourrait se dispenser de la discuter. Rappelons seulement que la pensée

n'est qu'un mouvement des cellules et des fibres cérébrales et qu'elle ne peut exercer une action à l'extérieur de l'organisme que par l'intermédiaire des organes de la parole ou du geste qui sont en relation avec le système nerveux. Le cerveau de l'individu visé ne sera, à son tour, mis en action que par l'intermédiaire d'organes récepteurs tels que l'œil ou l'oreille. Il faudrait pour qu'il y eût transmission directe de la pensée, que celle-ci provoque des vibrations de l'air et que ces vibrations trouvent accès direct au cerveau d'une autre personne, ce qui est matériellement impossible.

Les pensées peuvent, indépendamment du langage, se trahir par certaines modifications dans l'expression du visage, les mouvements des membres, la rapidité du pouls. Les prétendus « liseurs de pensée » sont tout simplement des gens habiles à discerner ces très faibles changements et à en tirer parti. D'ailleurs aucun ne pourrait jamais deviner une pensée abstraite, telle que « tous les hommes sont mortels »., ou bien une proposition quelconque sans rapport avec un objet déterminé. De même, dans un autre ordre d'idées, toute la force psychique des spirites les plus convaincus réunis, en aussi grand nombre qu'on voudra, ne réussira jamais à violer la loi de l'attraction, par exemple à soulever une monnaie, à déplacer un meuble ou à mettre en action une touche de piano sans contact matériel. Si jamais un phénomène de cette nature était constaté avec certitude, la science humaine aurait perdu toute base et la croyance aux miracles serait justifiée.

On a dit que les savants nient la télépathie parce qu'ils ne peuvent l'expliquer. Il n'en est pas tout à fait ainsi. La plupart des phénomènes naturels sont plus ou moins inexplicables, et cependant la science ne les nie pas. Elle nie au contraire la télépathie, parce qu'elle est impossible en elle-même. La résurrection d'un mort ne serait pas un miracle plus grand qu'une transmission de pensée à distance.

Il nous reste à examiner les phénomènes qui se ratta-

chent à la *suggestion* et qui constituent une sorte de transmission de pensée par des procédés qui n'ont rien de mystérieux. On sait que le sommeil hypnotique exerce une action
paralysante sur le cerveau du sujet, et, par suite, sur son
intelligence et sa volonté; aussi le rend-il très apte à se
laisser impressionner par la suggestion. Le sommeil hypnotique ne diffère du sommeil naturel qu'en ce que dans celui-
ci le dormeur est abandonné à lui-même et aux impressions
qu'il a reçues à l'état de veille, tandis que l'hypnotisé obéit
à des impressions produites par la volonté du magnétiseur.

La suggestion ne fait d'ailleurs pas seulement sentir ses
effets dans le sommeil hypnotique, mais aussi à l'état de
veille, chez les personnes qui n'ont pas une force de volonté
suffisante pour résister à l'influence d'autrui. Combien
d'hommes passent à travers la vie, qui manquent de la
faculté de se déterminer par eux-mêmes, et dont les actes
et les opinions ne sont dirigés que par des impulsions
venues du dehors! Au fond toute la pédagogie repose sur la
suggestion, à laquelle le cerveau de l'enfant est particulièrement apte. Ce n'est que l'expérience de la vie qui corrige
plus tard la naïve crédulité de la jeunesse.

Mais l'adulte lui-même est soumis à la puissance de la
suggestion. Personne n'est mieux pénétré de cette vérité que
les médecins, qui doivent peut-être la moitié de leurs succès
à la seule suggestion. La seule présence du médecin auprès
du malade opère souvent des miracles. Chacun sait qu'en
prescrivant de l'eau distillée ou des pilules de mie de pain
on peut obtenir tous les effets des médicaments les plus
actifs. Dans ce cas la suggestion agit même sur les organes
de la vie végétative. Les succès des homéopathes et des
charlatans de tout acabit ne peuvent s'expliquer que par
l'attente de l'amélioration suggérée puissamment par le gué-
risseur. C'est en ce sens (1) que se justifient la réclame que
font la plupart d'entre eux et le luxe dont ils s'entourent, et
qui ne peuvent qu'agir favorablement sur l'imagination du

(1) Note du traducteur.

malade. Enfin c'est également par la suggestion que s'expliquent les guérisons soi-disant miraculeuses obtenues aux lieux de pèlerinage, et personne ne niera que la suggestion du milieu ait une grande influence sur les succès remportés dans les établissements thermaux et autres.

La puissance de l'imagination peut être assez forte pour empêcher de ressentir la douleur. C'est ce que montre l'exemple des martyrs et des fanatiques de toutes les religions, qui supportent des supplices affreux sans marquer la moindre souffrance.

Si l'on étudie la suggestion à un point de vue général, on s'aperçoit que son domaine est illimité et qu'il n'y a pas un seul de nos actes qui ne lui soit plus ou moins soumis. On peut dire aussi que la vieille question philosophique de l'influence du moral sur le physique et réciproquement revient sur l'eau. Les maladies d'imagination et les guérisons par la seule influence de la foi jettent sur cette question un jour tout nouveau.

La suggestion hypnotique ne peut provoquer que les idées ou les actes qui cadrent avec l'individualité du sujet et qui ne dépassent pas les limites du possible, ce qui exclue toute idée de surnaturel et rend illusoire l'interprétation que les spirites veulent donner de la suggestion. On ne peut faire un orateur de quelqu'un qui n'a pas les dons naturels nécessaires, ni faire parler au sujet une langue qu'il n'a pas apprise. On ne peut non plus faire commettre un crime par un homme pacifique, ni transformer une femme prude en dévergondée. En revanche, on réussira à obtenir des actes ridicules et sans importance, pour lesquels on n'a pas besoin d'une décision particulière. Ainsi, le sujet qui aura été suggestionné pendant le sommeil hypnotique déplacera au réveil un pot de fleurs, rira sans motif, se rendormira et se réveillera au moment indiqué. Ce sont ces petites comédies de salon qui ont fait le succès de la suggestion posthypnotique et qui ont fait croire qu'elle était capable de donner beaucoup plus qu'elle ne donne en réalité. En revanche, la suggestion à l'état de veille a une grande puissance parce qu'elle s'exerce d'une façon continue, et c'est par ce moyen que des natures faibles peuvent être entraînées au crime.

Nous avons vu qu'il n'y a pas de limites précises entre la suggestion hypnotique et celle à l'état de veille. Aussi l'application que les spirites veulent faire de l'hypnotisme à leurs théories manque-t-elle de toute espèce de fondement. Il n'y a dans ce domaine que des phénomènes naturels. L'état d'hypnose ne fait que développer la suggestibilité normale et il y a entre la veille et la concentration de la conscience dans le somnambulisme, tous les degrés intermédiaires.

Indépendamment de toute contrainte, il s'exerce autour de nous une *suggestion du milieu* qui nous remplit d'idées et d'opinions préconçues, sur la morale, la politique, la religion, que le raisonnement a ensuite bien du mal à déraciner, parce qu'elles arrivent à faire partie de notre personnalité même. Il en est ainsi surtout de ces individus si nombreux que les conditions de la vie et la paresse empêchent de travailler plus tard à leur développement intellectuel, et qui restent, par conséquent, sous la dépendance absolue de ce qui leur a été suggéré pendant leur enfance. On peut, si l'on veut, diviser toute l'humanité en deux grands groupes : celui des gens qui suggèrent et celui des suggestionnés, infiniment plus nombreux. C'est sur ce phénomène que repose la puissance de l'Église, qui imprègne l'esprit des enfants de dogmes et de croyances dont les adultes ne se débarrassent qu'à regret. C'est à la suggestion du milieu qu'il faut attribuer le pouvoir de la mode. On se rend compte combien il est grand quand on voit des hommes, et surtout des femmes, se soumettre sans regret à des costumes ridicules, gênants et antihygiéniques.

En résumé, tous les phénomènes que nous venons d'étudier se rattachent à des lois naturelles bien connues. Ils ne sont en tous les cas pas faits pour donner au mysticisme moderne l'aide sur laquelle il comptait, ni pour transfor-

mer la vie en un conte des Mille et une nuits. Malgré les
faits surprenants qu'elle nous révèle parfois, la science ne
sort cependant jamais du cadre des lois éternelles qui régis-
sent le monde. Tout, dans l'univers, se passe d'une façon
beaucoup plus simple qu'on ne le supposait, parce que de
longs siècles d'erreurs et d'ignorance ont à tel point déformé les cerveaux qu'il faudra encore des périodes presque
aussi prolongées pour délivrer les esprits des erreurs anciennes. Nous ne pouvons même affirmer qu'au xxᵉ siècle la
science sera assez puissante pour vaincre définitivement
l'épidémie qui, sous forme de spiritisme, d'occultisme et
de théosophie, a atteint tant d'esprits.

VII

LA POLITIQUE

Lorsque le grand chancelier' suédois Oxenstierna disait
à son fils : « Tu ne sais pas combien il faut peu de sagesse
pour gouverner le monde, » il émettait une vérité qui est
démontrée par tout le cours de l'histoire. Un sage ou un
philosophe sur un trône ou à ses côtés constitue un phénomène des plus rares. D'ailleurs, les œuvres de ces hommes
exceptionnels ne leur ont que rarement survécu ; elles ont
d'ordinaire été détruites par la sottise de leurs successeurs.
C'est la faiblesse intellectuelle de son époque et de son milieu qui a permis à un homme de génie comme Bismarck
de s'élever si haut et d'ébranler la diplomatie européenne
jusque dans ses fondements. On ne peut d'ailleurs pas dire
que cet homme ait été un « sage ». On aurait pu s'attendre
en effet à voir un personnage de l'envergure de Bismarck
montrer une certaine indifférence aux coups d'épingles de
ses adversaires et accepter sa disgrâce avec philosophie. On
sait qu'il n'en a rien été.

Il a rendu à l'Allemagne un service inoubliable en lui donnant cette unité après laquelle elle soupirait depuis si longtemps ; mais les moyens qu'il a employés sont opposés à

toute morale, sa politique de fer et de sang a ouvert en Europe l'ère des armements indéfinis et le règne de la force, qui font envisager l'avenir sous les plus sombres couleurs et mettent en péril la civilisation elle-même. Rien n'est en effet plus incompatible avec les progrès de celle-ci que la guerre.

Si actuellement la guerre donne encore essor à tous les instincts bas et cruels de l'humanité, il faut cependant noter l'influence favorable de la forte discipline des armées. D'autre part ce n'est plus le tempérament batailleur de quelques individus, ni même les jalousies de clans ou de tribus qui décident de la guerre, mais bien l'intérêt national de grandes communautés, et ce n'est en général qu'après mûre réflexion que les chefs d'États se décident à rompre la paix. On ne fait plus la guerre seulement pour détruire ou s'approprier les biens de l'ennemi, mais pour sauvegarder les intérêts de sa patrie. Il est vrai (1) que les guerres coloniales et celle que les Anglais ont déclarée aux républiques boërs rentrent dans les pures opérations de brigandage.

Cependant, d'une façon générale, la guerre est devenue plus rare et en même temps plus morale ; mais par les masses d'hommes qu'elle met en mouvement et par les armes perfectionnées qu'elle emploie, elle s'est faite plus terrible et plus meurtrière. Si juste qu'une guerre paraisse être, elle repose cependant sur cette illusion que le recours à la force est le plus sûr moyen d'établir son droit. D'ailleurs, les procédés violents n'amènent pas nécessairement le triomphe de celui qui a raison ; et, dans la plupart des cas, la réflexion et une entente réciproque auraient bien plus rapidement conduit au but que le recours à la force.

Dans les classes inférieures de la société, les discussions conduisent, en général, à des échanges de horions et de coups de couteau, parce que les individus en jeu manquent

(1) Note du traducteur.

de la force morale qui leur permettrait de mesurer leurs actes. Il en est autrement chez les gens instruits : la réflexion leur apporte le calme avant que des actes irréparables ne soient commis. Il devrait en être de même des nations civilisées ; elles devraient soumettre leurs différends à un *tribunal arbitral* dont elles reconnaîtraient les décisions. Un effort (1) louable a été fait récemment dans ce sens sous les auspices de l'empereur de Russie. Mais il est à craindre que l'on s'en tienne à la théorie et que, dans tous les cas où les intérêts matériels des classes dirigeantes sont en jeu, on ne continue à recourir à la force. La bande d'hommes d'affaires véreux qui gouverne l'Angleterre a en effet tellement proclamé qu'elle refusait toute intervention dans les affaires sud-africaines, qu'aucune des puissances signataires de la convention de La Haye n'a même osé parler d'arbitrage. La plupart des chefs d'État se sont contentés de se faire payer leur abstention en obtenant pour leurs pays divers avantages matériels. C'est un des plus honteux marchandages auquel l'histoire nous ait fait assister. Aujourd'hui encore ne voyons-nous pas toutes les grandes puissances se lancer à la curée de la Chine, alors qu'au fond, et abstraction faite des atrocités commises par quelques-uns, ce pays est dans son droit en refusant une civilisation qu'on veut lui imposer et en se tenant attaché à une culture toute pacifique et moralement bien supérieure à la nôtre ?

Les partisans de la guerre la comparent à un orage qui purifie l'atmosphère et qui empêche les peuples de s'amollir dans les délices de la paix. Il est certain que les nations pacifiques, telles que les Chinois, résistent difficilement à des peuples guerriers, à moins que l'excès même de leurs maux les transforment en « moutons enragés ». Mais l'idéal n'est-il pas précisément de rendre tous les peuples pacifiques, de façon qu'aucun n'ait plus à craindre d'attaques venues du dehors. Si l'on étudie les guerres interminables qui ont per-

(1) Note du traducteur.

mis de fonder l'empire Romain, celles du Moyen-Age, la dévastation du Palatinat par les Français, les invasions turques et mongoles ou les guerres napoléoniennes, comment penser qu'elles aient servi à régénérer le monde? On constate au contraire que tous les empires fondés par la violence sont tombés rapidement, et que, seuls, des efforts et des sacrifices inouïs ont permis aux peuples de réparer les ruines causées par la guerre. La paix au contraire vivifie tout, elle permet le travail fécond, amène la prospérité et la richesse, favorise la science, les arts et la douceur des mœurs, fait progresser la civilisation.

Mais nous sommes encore bien loin de ce but idéal d'une paix universelle, et l'Europe hérissée de baïonnettes et de canons ressemble plutôt à un camp toujours prêt à la guerre qu'à une réunion pacifique de peuples. C'est ce qu'on a appelé la *paix armée*. Cet état de choses, intermédiaire entre la guerre et la paix véritable, exige de la part des peuples de tels sacrifices qu'il est douteux qu'ils puissent être supportés pendant longtemps sans conduire à une catastrophe. Les adversaires, aussi bien armés l'un que l'autre, se considèrent sans oser s'attaquer. Les richesses et les forces de chaque pays sont employées à perfectionner ses armements. Celui qui le premier faiblira et ne pourra continuer cette lutte insensée à coup de millions sera vaincu de fait. Mais son vainqueur sera lui-même tellement affaibli par cette longue épreuve qu'il est douteux qu'il puisse profiter de sa victoire.

La rivalité entre la France et l'Allemagne est un excellent exemple de cet état de choses. Il est indéniable que la paix de l'Europe pourrait être sérieusement menacée par la première de ces puissances. Si, en effet, en France comme ailleurs, la masse de la population est foncièrement pacifique, il ne faut pas oublier qu'il y a un parti militariste et chauvin qui ne rêve que revanche, sans réfléchir à la possibilité ni même à l'utilité d'une reprise des territoires perdus. Il serait très possible que, dans des circonstances données, ce parti bruyant et remuant entraîne la masse passive de la population dans une guerre de revanche, surtout si la Russie accordait cette aide pour laquelle la France républicaine s'est humiliée devant un empire autocratique. Il est d'ailleurs peu probable que la Russie, qui a relativement peu d'intérêts en Europe occidentale, consente à s'attaquer à la Triple Alliance pour retirer les marrons du feu en faveur de la France. Quant à l'Allemagne, elle a trop à faire pour développer son commerce et son industrie et ne saurait songer à diriger contre la France une attaque qui serait actuellement tout à fait sans but. Il semble donc qu'il y ait des chances pour que de longtemps la paix ne soit troublée entre les deux pays.

Si cependant une guerre de revanche devait éclater, on peut envisager les trois hypothèses suivantes : victoire de la France, victoire de l'Allemagne, résultats indécis jusqu'à épuisement complet des deux partenaires.

La première alternative aurait pour résultat la conquête de l'Alsace-Lorraine et peut-être l'annexion de la rive gauche du Rhin. Mais les sacrifices en hommes et en argent auraient été si grands que le citoyen français ne manquerait pas de se demander si le simple avantage d'un déplacement de frontière et d'une satisfaction d'amour-propre national serait un dédommagement suffisant. D'autre part, après cette victoire, la France serait, comme l'Allemagne actuelle, dans une inquiétude perpétuelle pour garder sa proie ; une inimitié éternelle des deux pays en résulterait, et en Europe l'état de guerre latente ou déclarée ne cesserait jamais. On peut d'ailleurs prophétiser qu'avec la puissance croissante de l'Allemagne, la diminution de la population et la faiblesse du gouvernement en France, cette hypothèse ne se réalisera pas.

Quant à la seconde alternative, celle de la victoire de l'Allemagne, on ne saurait envisager sans effroi le sort de ce beau pays de France et de ses habitants. En effet, il ne saurait plus être question de la part du vainqueur de garder des ménagements, d'observer les lois de l'humanité. Le souci de sa propre conservation, la nécessité de rendre une nouvelle attaque impossible dans l'avenir forcerait l'Allemagne à écraser de telle sorte le vaincu qu'il ne puisse pas se relever. Ce résultat serait d'ailleurs tout aussi nuisible que le premier à la civilisation européenne.

Enfin si la lutte restait indécise — et c'est peut-être l'hypothèse la plus vraisemblable — ses conséquences seraient des plus tristes pour les deux pays et pour l'Europe entière. Toutes les atrocités d'une guerre prolongée mettraient les riches régions du centre de ce continent à feu et à sang, arrêteraient ses peuples dans leur développement matériel et intellectuel et rendraient les individus à leur sauvagerie primitive.

Ainsi de quelque côté qu'on porte ses regards, la guerre n'amène que le malheur. Le vainqueur est aussi ruiné que le vaincu, et un recul général de la civilisation est la conséquence certaine de ces luttes entre nations. Aussi ceux qui, comme les chauvins de tous pays, préconisent la guerre, ne peuvent être que des fanatiques ou des insensés. Malheureusement ces fous ne font défaut nulle part et, dans des nations particulièrement nerveuses, comme la France, ou infatuées d'orgueil national comme l'Angleterre (1), ils peuvent fort bien exciter et tromper le reste de la population et l'entraîner à la guerre. Des exemples récents ont montré quel rôle honteux la presse politique est appelée à jouer dans ces grands drames, comment, pour de l'argent, elle sait dénaturer la vérité, transformer les actes les plus vils en actions d'éclat et exciter les plus basses passions populaires.

Pour en revenir à la situation réciproque de l'Allemagne et de la France, on sait que l'Alsace-Lorraine constitue une

(1) Note du traducteur.

pomme de discorde entre ces deux pays. L'histoire nous
montre que l'Alsace est un territoire foncièrement allemand,
par la langue, les mœurs et la race, qui n'a passé à la
France que par la conquête et grâce à la faiblesse de l'Allemagne d'alors. On a proposé de s'enquérir, par un plébis-
cite, des sentiments de sa population. Mais pour qu'il ait
quelque valeur, il faudrait, en toute justice, que le pays
appartienne de nouveau à l'Allemagne depuis un temps
aussi long que celui qu'il a passé sous la domination française.

La Lorraine était également autrefois une terre allemande:
ce n'est que vers le milieu du siècle précédent qu'elle a été
définitivement incorporée à la France. Cependant, au point
de vue des nationalités, il n'y aurait rien à redire contre la
restitution des parties de ce pays devenues foncièrement
françaises de cœur et de langue, si des raisons militaires
ne s'y opposaient pas. Ces considérations empêcheront
même d'envisager la possibilité du retour de ces territoires
à la France aussi longtemps qu'on pourra craindre une
agression de la part de ce pays.

L'époque est encore bien éloignée où les peuples com-
prendront que leur bonheur ne réside pas dans telle ou telle
modification de frontières, mais dans une coopération pacifique conduisant à la prospérité universelle. On peut espérer cependant que ce temps viendra, que l'amour-propre
national et la gloire militaire n'auront plus rien à voir dans
la conduite des affaires de ce monde et que la solidarité
règnera entre les peuples comme entre les individus. Les
barrières douanières tomberont et la guerre commerciale
insensée que se font actuellement les diverses grandes
nations fera place à une concurrence pacifique sur les mar-
chés du globe. Le principe de la division du travail, si
fécond dans la vie sociale, régnera également sur les nations
et permettra à chacune de jeter sur le marché les objets que
son sol, son climat, ses aptitudes manuelles et intellec-

tuelles, sa situation géographique et ses conditions économiques la rendront capable de produire avec le plus de
profit. Le commerce se réduira dès lors à l'échange des
produits de chaque pays avec ceux des autres.

Il règne aujourd'hui dans la *politique intérieure* le même
aveuglement que dans les relations extérieures. Les succès
grandioses remportés par l'Allemagne sur les champs de
bataille n'ont pas été favorables à son éducation politique.
L'enthousiasme guerrier de 1870 a fait place au décourage-
ment et à une indifférence complète pour les affaires intérieures. Les gens assez vieux pour se rappeler les sentiments
dont la jeunesse allemande était animée vers le milieu du
siècle pour la liberté et l'unité de la patrie voient avec
peine l'état de stagnation actuel. Grâce à cette indifférence
et au servilisme envers le pouvoir, la bureaucratie et le
parlementarisme ont seuls profité des transformations dont
s'enorgueillit l'Allemagne. Notre jeunesse, au lieu de s'enthousiasmer pour l'idéal, n'a plus qu'un seul but: arriver
le plus vite possible à une position rémunératrice. Quant
au peuple, les soucis, de jour en jour plus grands, de la vie
quotidienne ne lui laissent pas le loisir de se préoccuper
de choses plus relevées.

Il en est d'ailleurs (1) exactement de même en France avec
cette circonstance aggravante que l'absence d'un gouvernement fort ne nous donne même pas la certitude du lendemain, et que les lois, faites uniquement dans un but électoral, favorisent l'extension indéfinie de l'alcoolisme et finiront
par faire sombrer cette belle race française dans la tuberculose et la folie, qui en sont les conséquences directes. Ici
comme là bas nous voyons une bureaucratie rétrograde, un
parlement qui ne représente que les intérêts d'une minorité
et l'intolérance des gens en place. Cette triste situation est
du reste générale en Europe.

On avait partout fondé de grandes espérances sur le *suf*-

(1) Note du traducteur.

frage universel. Mais le ressort de cette institution a été entièrement faussé, grâce à l'ignorance des peuples qui se laissent prendre à la phraséologie des politiciens. Il est encore plus triste de constater que les électeurs se laissent acheter par les candidats : quelques verres de vin ou d'absinthe habilement distribués ont décidé de bien des élections. Enfin la grande machine gouvernementale, avec son armée de fonctionnaires, sait faire agir à propos l'intimidation pour se procurer des votes favorables. Aussi (1) la partie la plus intelligente de la population, sentant qu'elle ne constitue qu'une minorité infime, se désintéresse-t-elle de plus en plus des élections. On arrive dès lors à ce résultat paradoxal que les députés ne représentent qu'une faible partie de la nation, et justement la plus pauvre et la moins instruite, et que les impôts sont votés par les représentants de ceux qui n'en paient point !

Le régime parlementaire n'est en somme que la tyrannie des majorités fortuites qui se constituent au sein des chambres. Quand le nombre des voix est à peu près égal des deux côtés, il peut arriver que le vote de très peu de députés, d'un seul même, décide des questions les plus graves. Il est d'ailleurs fréquent que l'opinion de la minorité parlementaire corresponde à celle de la majorité de la nation, et réciproquement. Nous ne parlerons pas de la corruption qui règne dans beaucoup de ces assemblées ; ce triste sujet est trop connu pour qu'on s'y arrête. Mais les trafics qui se passent entre les différents partis ne sont guère moins blâmables ; grâce à eux, des questions de personnes prennent le pas sur les intérêts les plus sacrés de la nation. D'ailleurs cette division indéfinie en partis minuscules est un véritable fléau du parlementarisme moderne. Autrefois on ne connaissait que la droite et la gauche, le parti du gouvernement et celui de l'opposition avec un centre qui les reliait. Aujourd'hui des querelles continuelles et des marchandages indignes sont les tristes conséquences de l'émiettement des partis.

(1) Note du traducteur.

Si on recherche les causes de cette situation, on constate que l'absence de tout idéal fait régner maintenant la politique des intérêts immédiats; chaque individu ou chaque classe sociale cherche à attirer à soi le plus d'avantages matériels possibles. Dès lors la saine raison et la science n'ont plus aucune part au gouvernement du monde. Aussi les lois qui auraient pour effet d'améliorer le sort des masses ne rencontrent-elles qu'opposition de la part des classes possédantes. On parle beaucoup dans les assemblées politiques, mais on agit bien peu, du moins d'une façon utile, et l'on peut leur appliquer ce proverbe arabe qui convient également à la phraséologie philosophique: « J'entends bien le moulin, mais je ne vois pas sa farine. »

Il n'a d'ailleurs jamais manqué d'hommes, qui ont reconnu tout le vide de la machine parlementaire, et qui ont cherché à imposer silence à la foule des bavards. Mais ils ont été plus ou moins isolés en face de la majorité, et le dernier mot est resté à la masse. Celle-ci, par son ignorance, son absence de réflexion, ses intérêts grossiers, sa routine et son manque d'indépendance, constitue le plus grand obstacle au développement normal de l'humanité; elle rend vains tous les efforts que pourrait faire la minorité intellectuelle.

Les remèdes à cet état de choses sont difficiles à trouver. On ne peut, en effet, dans les circonstances actuelles, songer à une dictature des hommes les plus intelligents, telle que pourrait la rêver le philosophe; comme palliatifs, on peut proposer tout d'abord la mise en pratique réelle des lois contre les fraudes électorales, la poursuite des candidats qui ont cherché à gagner des voix par des moyens illicites, un relèvement de l'âge des électeurs, enfin une modification du système électoral, de façon que les minorités aient aussi leurs représentants. En tous les cas il faudrait rendre le vote obligatoire, de façon qu'aucun citoyen ne pût s'en dispenser; enfin on pourrait prendre des dispositions pour imposer des digues à l'éloquence des députés et empêcher l'obstruction systématique.

.7

D'ailleurs la politique de l'avenir aura de tout autres devoirs que celle d'aujourd'hui. Elle devra avant tout se préoccuper du socialisme et de l'amélioration du sort de tous. En
face de ces problèmes la recherche de l'unité politique et de
la liberté passeront au second plan, malgré toute leur importance. Car celui-là seul qui jouit de l'indépendance économique peut en réalité profiter de la liberté politique.

Si à cette extrême limite du siècle (1), dans cette période
ultime que l'auteur des lignes précédentes n'a pas pu connaître (2), nous cherchons à résumer la situation politique et
à en tirer quelques enseignements pour l'avenir, nous serons
frappés des nombreuses antinomies qui règnent dans la
société actuelle. Il n'est pas question ici de cette opposition
de la richesse et de la misère qui sera envisagée dans l'un
des chapitres suivants, mais de l'antinomie encore plus profonde existant entre les mœurs et les institutions. D'une
part nous voyons des peuples s'éveillant à la lumière et à la
liberté, capables de s'enthousiasmer pour des causes désin-
téressées, d'autre part des gouvernements monarchiques ou
oligarchiques guidés par des motifs qui ne sont plus de
notre temps, la soif des conquêtes, la gloire militaire, les
alliances de famille, en tous les cas n'ayant que les visées
les plus égoïstes et les plus basses. Les nations dans leur
immense majorité ne demandent que la paix et le travail;
les gouvernements leur imposent, dans un intérêt de parti
ou de dynastie, des armements coûteux et des expéditions
coloniales qui ne profitent qu'à une infime minorité. Enfin
si la masse des citoyens de toutes nations est honnête, on
ne saurait en dire autant des gouvernants. Dans plusieurs
pays de l'Europe occidentale ont éclaté des scandales financiers qui ont révélé dans les hautes sphères les plus louches
compromissions.

Trois faits me paraissent caractériser nettement cette fin

(1) Note du traducteur (7 décembre 1900).
(2) L. Büchner est mort en 1899.

de siècle. D'une part, nous voyons les États-Unis d'Amérique, cette terre classique de la liberté, évoluer définitivement vers l'impérialisme, vers la politique mondiale et les expéditions coloniales. Malgré la conquête de Cuba et de Porto-Rico, et les massacres des Philippines, on pouvait encore espérer que ce n'était là qu'une crise passagère. La récente réélection de M. Mac-Kinley nous montre que le mal est plus profond. L'Amérique tourne délibérément le dos à ses destinées naturelles de grande nation libérale et progressive, pour se lancer dans le militarisme et la politique de conquêtes. A ce point de vue, il y a un recul manifeste, qui ne peut qu'attrister le penseur et lui inspirer les plus funestes pressentiments pour l'avenir.

Les deux autres faits sont plus consolants. Si le voyage du Président Krüger a élargi l'abîme qui sépare les peuples de leurs gouvernants, en montrant l'absence de sens moral de ceux-ci, il a du même coup fait ressortir la noblesse de sentiments des simples citoyens. Ceux-ci ont maintenant la claire notion de la justice internationale, et l'atroce guerre faite par la Grande-Bretagne aux Républiques Sud-Africaines aura du moins pour résultat de faire détester le militarisme et la politique de la violence. Les intérêts financiers qui ont déterminé cette guerre, les compromissions que l'on soupçonne chez la famille royale elle-même contribueront à désaffectionner les peuples des dynasties régnantes et à leur montrer l'indignité des gouvernements actuels.

Enfin le troisième point qui mérite d'être signalé nous touche plus directement, puisque, de ce côté, la France reprend sa position traditionnelle d'initiatrice. Un juge, le président Paul Magnaud, tend, par une sage interprétation du droit et par de prudentes réformes de nos lois, à introduire dans la justice un principe nouveau, la miséricorde. S'il était suivi, la mendicité, le vagabondage, l'appropriation d'aliments indispensables pour soutenir la vie ne seraient plus considérés comme des délits. Le juge prononcerait « l'irresponsabilité pénale de l'être humain lorsqu'il

estimerait que celui-ci n'a soustrait un objet de première
nécessité que poussé par les inéluctables besoins de sa propre existence ou de celle des êtres dont il a légalement ou
naturellement la charge ».

Qu'on ne s'y trompe pas, cette introduction de la pitié
dans notre code draconien est un signe des temps. Avec le
sentiment de la justice qui a pénétré les masses, c'est un
de ces éléments nouveaux qui nous permettent d'espérer
des jours meilleurs. Bien pâle et bien vacillante est encore
cette lumière ; pourtant, au milieu de toutes les causes de
tristesse qui nous entourent, c'est elle qui nous consolera et
nous fera, dans une certaine mesure, bien augurer de
l'avenir.

VIII

L'ANARCHIE

Rôle de la société. — L'anarchie chez certains peuples sauvages. — Les individualistes et le « surhomme » de Nietzsche. — Les anarchistes et l'ordre social.

C'est un signe des temps qu'à mesure que la civilisation se développe et que ses bienfaits deviennent plus appréciables, il se fait contre elle une réaction et qu'on cherche à revenir à un stade social depuis longtemps périmé. Le devoir de la société est d'endiguer les instincts sauvages de l'individu pour le plus grand bien de la communauté, ou, en d'autres termes, d'établir, par des lois écrites ou par la coutume, un équilibre aussi parfait que possible entre les droits de l'individu et ceux de la communauté. Ce but ne peut être atteint que par une organisation très complète de l'État. Les droits de l'individu doivent toujours être sacrifiés lorsque des intérêts plus élevés sont en jeu, et dans ce cas seulement.

L'homme est un être social et ne peut remplir son rôle dans l'existence qu'en compagnie de ses semblables, dont il doit respecter les droits. Isolé, ce n'est plus qu'une bête de proie abandonnée à ses instincts. Qu'il lui survienne un compagnon, aussitôt entrent en jeu les lois de la réciprocité sans lesquelles toute société devient impossible. L'ethnographie nous apprend que les sauvages les plus primitifs possèdent des règles de conduite qui dirigent leurs rapports mutuels. Si elles ne sont pas écrites, elles sont du

moins imposées par la coutume et par la force de l'opinion.
D'ailleurs, ces règles ne s'appliquent qu'aux membres de la
tribu; en face des communautés étrangères, le sauvage n'est
retenu par aucun frein. D'où guerres éternelles entre les
tribus, pillages, meurtres et viols qui, loin d'être réprouvés
par l'opinion publique, sont considérés comme des actes
méritoires.

Le voyageur français Cupet a fait un voyage parmi les
tribus sauvages qui occupent le hinterland de l'Annam et
qui ont d'ailleurs déjà franchi le stade primitif du développement social. Ces indigènes habitent des villages, prati-
quent l'agriculture et le tissage. Ils ne possèdent cependant
aucune organisation qui rappelle nos États modernes.
Chaque tribu, chaque village vit d'une façon tout à fait indépendante, sans aucun lien avec les voisins. De plus, chacun des habitants de ces villages est son propre maître,
dans toute l'acception du terme; l'autorité paternelle n'est
elle-même pas reconnue.

Il y a donc là une anarchie complète, tempérée seulement
par l'action morale des personnes qui, par leurs qualités,
ont su acquérir une certaine influence sur leurs concitoyens.
En dehors de chaque petite patrie locale, il y a un état de
guerre continuel et l'égoïsme le plus absolu est la seule
règle de conduite. Dans chaque village, au contraire, on
obéit à l'usage, à une loi non écrite dictée par des raisons
d'utilité, sanctionnée par l'intérêt général, par le temps et
la superstition.

C'est là une situation telle que la rêvent nos modernes
individualistes, qui ne jurent que par le « surhomme » de
Nietzsche, ou nos anarchistes qui veulent anéantir toute
autorité de l'État, afin de permettre un développement plus
complet de l'individu. Ils se gardent d'ailleurs de dire ce
que sera ce développement et s'ils réclament cette liberté
pour eux seuls ou pour tous les individus sans distinction.

Aussi la fantaisie peut-elle se donner libre carrière pour se représenter ce que sera la société anarchiste et comment tous ces individualistes s'entendront entre eux. Jusqu'à présent on ne voit que des attentats au moyen de bombes, qui n'atteignent du reste que des innocents, des assassinats de princes ou de personnalités marquantes, et les productions bizarres d'individus qui, dédaignant la philosophie, ont choisi la question sociale pour donner libre cours aux flots désordonnés de leur éloquence, et qui cherchent à attirer l'attention par les affirmations les plus extravagantes.

Si les individualistes avaient, comme les anarchistes, cherché à porter leurs théories dans la pratique, il serait intéressant d'écouter l'argumentation d'un de ces ennemis de la société, accusé d'un délit quelconque. « Je suis, dirait-il à ses juges, un disciple de Nietzsche, et je ne reconnais pas vos lois étroites. En tant que surhomme, vous et vos règlements ne sauriez m'atteindre. Pour que je puisse développer toute ma personnalité, il faut que mon droit n'ait pas de limites. Les concepts du bien et du mal me sont étrangers : je me suffis à moi-même et fais ce qu'il me plaît. »

A quoi le juge répondrait : « Si vous vous suffisez à vous-même, vous n'aviez pas besoin d'attaquer les droits des autres. Si vous voulez vivre en solitaire, vous feriez mieux d'aller dans le désert; vous y trouveriez de l'espace pour donner libre essor à votre personnalité. Mais en attendant vous resterez quelque temps ici pour apprendre comment la société traite ceux qui méprisent ses lois et qui placent leur Moi au-dessus des droits des autres et du bien de la communauté. Si, votre peine terminée, vous voulez continuer à vivre en égoïste ou, comme vous dites, en surhomme, nous n'y faisons aucune objection, à condition toutefois que vous n'entriez plus en conflit avec les lois pénales, et que vous n'exerciez vos talents surnaturels que d'une façon permise par l'État et par la Société. »

Lorsqu'il s'agit de ces insensés, qui veulent réformer le monde à coups de révolvers, de bombes et de poignards, le juge pourrait leur tenir le discours suivant : « L'ordre social veut qu'il y ait des personnages qui commandent, et d'autres qui obéissent, sans que du reste la liberté individuelle doive en souffrir. Tant qu'il en est ainsi, et que tous les citoyens sont indistinctement soumis à la loi, le développement de chacun est libre, à condition qu'il n'entrave pas celui de ses concitoyens. Celui qui veut s'attaquer par le fer et le feu à des gens tout à fait innocents de l'état de choses actuel ne vaut pas mieux que ces bêtes de proie contre lesquelles on se défend par tous les moyens imaginables. Je veux croire que ce n'est pas simplement l'amour du meurtre qui vous pousse à ces actes abominables, mais bien un vice de raisonnement provenant de théories fausses ou mal comprises. Vous détestez l'état actuel de la société, avec son absence de liberté politique et ses oppositions de grandeur et de petitesse, de richesse et de pauvreté. Vous vous imaginez pouvoir changer tout cela en ébranlant et en terrorisant par vos attentats les puissants du jour, de façon à les forcer à changer les bases sur lesquelles reposent l'État et la société modernes. Mais vous commettez la même erreur que les nihilistes russes, qui, par l'assassinat de l'empereur Alexandre, n'ont fait que favoriser la réaction dans tous les domaines de la vie politique et sociale. Si beaucoup de choses doivent être améliorées et modifiées dans la constitution actuelle de la société, ces réformes ne seront pas obtenues par les moyens violents, mais par des réformes progressives et pacifiques dirigées par des philanthropes et des esprits supérieurs. Si vous avez trop peu d'intelligence pour comprendre ces choses, et pour écouter les leçons de l'histoire, votre erreur n'est en elle-même pas condamnable. Mais si elle vous conduit à commettre d'horribles attentats contre la vie et la sécurité de vos contemporains, vous êtes tout aussi punissable que si ces actes étaient déterminés seulement par votre caractère sanguinaire et la soif de faire le mal. Je serais heureux si je pouvais vous appliquer les mêmes peines que vous avez fait souffrir à vos victimes. Malheureusement, la douceur de la loi m'interdit ce genre de châtiment, et je me vois forcé de vous rendre non nuisible d'une façon que l'horreur de votre acte ne méritait certainement pas. Quant à vos partisans, ils feraient aussi bien de nous épargner leurs expériences ; car la société trouvera toujours moyen de les châtier. »

Naturellement les accusés quitteraient la salle d'audience en criant « Vive l'anarchie ! » sans savoir au juste ce qu'ils veulent dire, ni comment ils se représentent un État anarchiste. Une communauté d'individualistes, sans lois, sans obligations morales, sans ordre social, serait peut-être possible dans une de ces régions tropicales où la nature fournit amplement de moyens d'existence les individus peu nombreux qui les habitent. Mais avec la densité actuelle de la population de nos pays, la lutte pour l'existence serait un combat sans merci de tous contre tous et amènerait l'oppression brutale du faible par le fort. On aurait dès lors ramené la civilisation à son stade initial, et l'on forcerait l'humanité à recommencer toute sa longue évolution.

Ce sont là des vérités si banales qu'on a quelque honte à les exposer. Mais, à une époque aussi remplie d'insanités que la nôtre, les vérités les plus banales peuvent être à un tel point méconnues, qu'il est nécessaire de les remettre sans cesse en mémoire. Il en est d'autant plus ainsi que la société est incapable de se défendre par des moyens répressifs contre les fanatiques anarchistes. En effet, que faire contre des hommes qui sont décidés au sacrifice de leur propre vie? Les lois et les règlements de police les plus sévères restent sans effet sur eux, et l'on en est réduit à accepter les explosions de leur fanatisme comme un malheur public inéluctable, en rapport avec la civilisation actuelle. C'est tout au plus si une surveillance plus active des personnes suspectes pourrait parfois éviter une de ces calamités. Mais les lois spéciales, qui menacent la liberté de tous les

citoyens, n'atteignent pas leur but. On a cru, par leur
moyen, empêcher le développement du socialisme, que l'on
considérait comme l'école de l'anarchie, sans réfléchir que
l'État socialiste, dans lequel chacun est forcé au travail, est
précisément l'opposé de ce que veulent les anarchistes.
D'ailleurs les chefs socialistes n'ont pas cessé de protester
contre cette confusion. Les deux théories n'ont de commun
que de ne pouvoir entrer dans la pratique que par une
révolution violente. Pour l'anarchie, c'est là une vérité évidente; pour le socialisme, elle sera démontrée dans le cha-
tre suivant.

IX

LA QUESTION SOCIALE

Richesse et pauvreté dans la société actuelle. — Morale et économie politique. — Nécessité d'un remède au mal social. — La lutte pour l'existence et la solidarité. — Retour du sol à la communauté. — Suppression du capitalisme héréditaire. — L'État transformé en société d'assurances. — Socialistes révolutionnaires, collectivistes et démocrates-socialistes. — La lutte des classes et le prolétariat tout-puissant.

Lorsqu'on étudie notre société actuelle en se dégageant autant que possible des préjugés qui empêchent de distinguer ses vices, on ne peut manquer de constater qu'elle a de grandes imperfections. A chaque pas, l'on rencontre le contraste de la richesse et de la pauvreté, d'un luxe effréné à côté d'une misère profonde, de l'oisiveté et du travail le plus rude, de la science et de l'ignorance, de la vie morale la plus élevée à côté de la dépravation la plus complète. Tous les jours nous assistons à des tragédies résultant de ces contrastes, et nous sommes incapables d'en prévenir le retour. Tous les jours nous coudoyons des gens que l'absence de tous moyens d'existence conduira sûrement à la mort dans un délai plus ou moins rapide. Lorsque nous parcourons nos grandes villes industrielles nous avons constamment occasion de remarquer comment, dans le voisinage immédiat du séjour du luxe le plus raffiné, s'ouvrent les antres de la misère et du crime, de voir l'affamé aux joues creuses et au teint terreux jeter un regard d'envie sur les tables surchargées de victuailles et entourées de bril-

lants convives ; ou encore de constater que, devant des palais
qui pourraient héberger des centaines d'habitants, le prolétaire transi de froid couche à la belle étoile ou se rassemble
avec ses pareils dans des tanières obscures et sans air. Nous
voyons aussi au cœur de l'hiver le mendiant couvert de hail-
lons, tandis que dans les magasins les vêtements chauds s'accumulent, inutiles, à la disposition de qui peut les acheter.
Nous voyons des troupes d'enfants affamés rôder devant les
magasins où sont exposés des aliments raffinés. Nous savons
que des populations entières, comprenant des milliers de
jeunes filles et des femmes anémiées et vouées à la phtisie,
sont forcées de travailler jour et nuit pour des salaires dé-
risoires, qui les empêchent à peine de mourir de faim.

Un proverbe dit : « Qui ne travaille pas ne doit pas manger. » Mais combien mangent qui n'ont jamais travaillé, et
combien travaillent qui n'ont jamais mangé à leur faim ! D'où
la conclusion irréfutable que ceux-ci ne travaillent pas seulement pour eux-mêmes, mais pour l'entretien de toute une
armée d'oisifs. Qu'on ne dise pas que ces oisifs profitent des
efforts de leurs ascendants. Car les moyens d'existence les
plus nécessaires, notamment les aliments, ne peuvent pas
être procurés à l'avance, ils doivent forcément être produits
par les efforts des contemporains.

Cette inégale répartition ne s'observe pas seulement pour
les biens matériels, mais aussi pour les intellectuels. Combien de talents ou de génies disparaissent ou sont condamnés à s'épuiser à la recherche du pain quotidien, si le sort
ne leur a pas souri dès le berceau ; tandis que, au contraire,
les personnages les plus bornés occupent souvent, au grand
détriment de la société, les postes qui donnent la puissance,
ou les chaires des Universités ! Le travail intellectuel est en
général fort peu rémunéré. Les philosophes et les poètes
sont des prolétaires de naissance ; ils ne reçoivent qu'après
leur mort les honneurs qui leur sont dus ; tandis que l'écrivain fécond et souple qui sait se plier au goût de la foule
récolte toujours honneurs et profits. Quant aux différences

colossales de savoir et d'éducation que la société actuelle produit entre ses différents membres, elles sont trop connues pour qu'il y ait lieu d'y insister.

Il est clair qu'un tel état de choses ne peut qu'amener les désavantages économiques et moraux les plus grands. D'un côté la pauvreté, et le manque d'instruction et d'éducation sont la cause de la plupart des crimes, d'autre part l'ennui et l'oisiveté provoquent dans les classes riches l'éclosion de vices plus ou moins dégradants. Aussi l'État doit-il entretenir un appareil de justice coûteux et des institutions d'assistance publique en général insuffisantes. Au point de vue *moral*, la concurrence générale produit des passions telles que l'envie, la haine, l'égoïsme, l'avarice, la rapacité ; l'amour et l'assistance réciproques ne sont plus que des exceptions. Chacun n'agit que dans son intérêt personnel ; car il sait qu'en cas de besoin il n'a d'aide à attendre ni du voisin ni de la communauté. Dans une société bien organisée, le gain de chacun devrait être profitable à l'ensemble ; sa devise devrait être : « Chacun pour tous et tous pour chacun. » Aujourd'hui il en est tout différemment, et le malheur de l'un sert trop souvent au bonheur de l'autre.

Il faut noter aussi l'influence démoralisante du travail lui-même, qui n'est pas exécuté pour le bien de la société, mais sous l'empire des circonstances. Le prolétaire est, de nos jours, un esclave comme autrefois ; ce n'est plus le fouet du maître, mais le tenaillement de la faim qui le fait travailler. Mais à son tour celui qui l'emploie est un esclave — esclave du capital, de la concurrence, des crises commerciales, des grèves, des pertes d'argent, de la surproduction, etc. Sa situation est souvent encore plus pénible que celle de ses employés.

Si le système est déjà contradictoire au point de vue moral, il l'est bien davantage au point de vue *économique*. Pendant que la terre produit assez d'aliments pour nourrir largement toute l'humanité, pendant que les richesses de toutes sortes s'accumulent dans quelques mains, que la propriété nationale s'accroît dans des proportions inouïes, on voit, au milieu d'une société comblée de superflu, des misérables mourir lentement de faim. Le même État qui protège chaque vie naissante, qui punit tout délit contre l'existence ou la propriété, qui dépense sans compter pour garantir la santé et la sécurité publiques, ne s'émeut pas lorsque des millions de ses citoyens sont conduits par la misère à la mort ou au suicide. Il ne trouve rien à redire non plus lorsque, dans d'innombrables familles de prolétaires, naissent des êtres rabougris de corps et d'âmes, qui, devenus adultes, tombent à la charge de la société et vont peupler les prisons et les hospices. Ne pourrait-on éviter, au moins partiellement, ces dépenses, et le fardeau que quelques-uns ont à porter ne serait-il pas diminué par une répartition plus équitable du travail entre tous?

Il est impossible de soutenir qu'une pareille organisation, basée sur l'égoïsme, soit normale et conforme aux intérêts de la société et de l'humanité; ses vices sont reconnus par tous ceux qui laissent parler la saine raison. Les progrès du socialisme, ainsi que les nombreuses propositions faites pour améliorer le sort des classes laborieuses, prouvent que l'on a une conscience de plus en plus nette des imperfections de notre état social. Ce n'est plus devant le Dieu des chrétiens, mais devant Mammon, que se prosterne l'humanité, et les travailleurs modernes sont plus misérables que les esclaves de l'antiquité: contraints au travail, comme ceux-ci, ils n'ont pas, comme eux, la certitude du lendemain et le pain assuré par celui qui les emploie.

Si tous sentent combien cette situation est injuste et contraire aux lois de la nature, la plupart pensent qu'elle ne comporte aucun remède. Les inégalités sociales, disent-ils, sont un mal nécessaire, qui a toujours existé et qu'on ne saurait supprimer. La raison et la justice dans les relations sociales constituent un idéal inaccessible. D'ailleurs, même si l'on partageait tous les biens, l'ancienne inégalité aurait tôt fait de reparaître.

On n'oublie pas de rappeler les bienfaits de la concurrence, qui constitue l'aiguillon du travail et du progrès. Grâce à elle, le bon marché des produits a permis à la masse d'user d'objets qui lui étaient autrefois tout à fait inaccessibles ; la consommation se règle maintenant plus ou moins sur la production, tandis qu'on croyait que le rapport inverse était le seul possible.

Cependant, il faut trouver un *remède au mal social*, si l'on ne veut pas que chaque convulsion politique soit accomgnée d'une violente crise économique. Il est difficile de croire que, lors de la révolution future, les propriétés seront respectées comme lors des révolutions françaises. Il ne manque pas de signes qui montrent les passions les plus dangereuses couvant dans l'âme populaire. Les nihilistes russes, les communards français, les démocrates-socialistes d'Allemagne, les anarchistes de tous pays, ne sont-ce pas là les avant-coureurs d'un grand cataclysme?

Si, par des mesures de coercition, il était possible d'empêcher toute tentative de réforme sociale, le sentiment de mécontentement qui s'est emparé de l'âme populaire ne serait pas calmé pour cela. Au contraire, il ne pourrait qu'augmenter, et il y aurait entre les classes possédantes et prolétaires un état de guerre latente qui ne serait guère moins préjudiciable à la communauté qu'une guerre ouverte. Lorsqu'on apprend qu'en Angleterre environ 3000 personnes se partagent un revenu annuel supérieur aux revenus de tous les agriculteurs de ce pays, il n'est guère possible d'espérer qu'une situation aussi anormale soit compatible avec une paix sociale durable.

Il ne manque heureusement pas de moyens de détourner la tempête qui nous menace, sans recourir aux procédés violents. Il suffirait d'un ensemble de réformes qui amèneraient progressivement un état de choses meilleur. Mais il faudrait d'abord réussir à convaincre la majorité de la nécessité et de l'utilité de ces mesures. Bien entendu, nous repoussons toute solution radicale, telle que le communisme. Un pareil état, où toute propriété serait commune à tous, où le travail ne serait pas obligatoire, ne deviendrait possible qu'avec une humanité dressée à l'altruisme et à la philanthropie. Nos contemporains, déformés par l'égoïsme et l'individualisme, sont tout à fait incapables de se plier à un état de choses aussi idéal.

Dans les règnes animal et végétal, la *lutte pour l'existence* est une cause de progrès, car elle amène toujours le triomphe du plus apte. Il en va tout autrement chez l'homme vivant en société. Il trouve, dès sa naissance, toutes les bonnes places occupées au banquet de la vie. Si son origine, son rang, sa fortune héréditaire ne lui viennent en aide, il est condamné à mettre ses forces au service de ceux qui possèdent et auxquels la société garantit la libre jouissance de leurs biens. Aussi ce n'est souvent pas le meilleur ou le plus capable qui triomphe, mais le plus riche, le plus puissant, celui qui a été favorisé par sa position sociale ou qui, par la souplesse de son caractère, sait le mieux s'accommoder aux circonstances. Dans cette lutte sans merci, tous les avantages sont d'un côté, tous les désavantages de l'autre, et ce n'est que d'une façon tout exceptionnelle que certains parviennent à s'élever des rangs les plus bas de la société jusqu'à des situations enviables.

En réalité, ce phénomène est tout à fait comparable à la lutte pour la vie dans la nature ; mais dans la société, on combat avec des armes de valeur très inégale. Il s'agirait donc d'égaliser les chances et de remplacer la lutte de chacun contre tous par le combat livré *solidairement* par tous contre tous les maux qui peuvent atteindre l'humanité, contre la faim, le froid, la misère, les privations, la maladie, le chômage, la vieillesse, les accidents, la mort.

Un tel état de choses, dans lequel le bien de l'individu deviendrait plus ou moins identique au bien de l'ensemble, pourrait, il nous semble, être amené sans que les facultés de travail de chacun aient à en souffrir. Chacun recueillerait les fruits de son activité jusqu'à sa mort, et ne les céderait à la communauté que lorsqu'il ne pourrait plus en profiter.

Il faut concéder qu'une réforme radicale serait impossible. Mais une amélioration partielle et progressive aurait déjà les résultats les plus heureux; elle nous conduirait, par une transition insensible, à une solution complète de la question sociale. En tous les cas cette réforme ne détruirait pas l'aiguillon nécessaire de la concurrence; bien au contraire, car chacun ne recueillerait que les produits de son propre travail et ne pourrait vivre ni aux dépens des autres ni à ceux d'un capital accumulé par ses ascendants. La solution est du reste possible sans effacer les inégalités naturelles de la société, causées par la naissance, la famille, les dispositions et les besoins, les avantages physiques et intellectuels, la diversité des occupations et des professions. Ces inégalités ne sauraient disparaître; car elles sont dans la nature même des choses. Aussi le nœud du problème social est-il dans une conciliation de l'individualisme avec le collectivisme, autrement dit, dans l'accord des intérêts et des besoins de l'individu avec ceux de la société.

Les remèdes au mal actuel sont de trois sortes:

1) Disparition de la rente du sol, c'est-à-dire retour de celui ci à la collectivité;

2) Réforme et peut-être disparition graduelle et complète du droit de tester et du capitalisme héréditaire;

3) Transformation de l'État en une société d'assurance contre tous les maux qui peuvent atteindre l'humanité.

En ce qui concerne le premier point, on ne saurait nier que la terre ne doit pas appartenir à quelques-uns, mais bien à tous. En vertu du droit naturel, nous devons jouir aussi librement du sol qui nous nourrit que de l'eau qui s'en échappe, de l'air, que nous respirons ou de la lumière du soleil. D'après tout ce que nous savons, il paraît hors de

8

doute que ce droit n'a jamais été contesté aux époques primitives de l'humanité ; la terre était commune à tous, comme elle l'est encore actuellement dans quelques districts
isolés ou chez de nombreuses peuplades sauvages. Au cours
des âges, diverses circonstances, la guerre, les conquêtes,
les usurpations, les ventes et donations, la féodalité ont donné à une minorité la possession du sol. La force de l'habitude a fait ensuite que la plupart des hommes ont considéré
cet état de choses comme naturel, alors que le penseur y
voit la cause la plus puissante de l'inégalité des conditions.

Ce *retour de la propriété foncière à l'État* ne pourrait
avoir lieu que contre dédommagement, et la recherche des
fonds nécessaires à cette gigantesque expropriation n'est
pas un des moindres obstacles à sa réalisation. Il ne faut
d'ailleurs (1) pas oublier que, dans les pays comme la
France, soumis au régime de la petite propriété, la majorité
de la population est loin d'être favorable à cette réforme. Le
rêve de tout Français est au contraire de devenir propriétaire
d'un lopin de terre et d'y vivre paisible et indépendant. Cet
idéal d'un peuple de petits propriétaires fonciers ne saurait
du reste être atteint qu'avec un chiffre de population
stationnaire ou décroissant ; autrement, la part revenant à
chacun serait trop petite pour subvenir à son entretien.

La *suppression du droit de tester* n'est pas soutenue seulement par des socialistes, mais par des savants et des économistes de toutes les écoles. On y arriverait de la façon la plus
simple en augmentant progressivement les impôts sur les
héritages. La disparition du capitalisme héréditaire est certainement très rationnelle. Quoi de plus injuste, en effet, que
de voir l'un se vautrer dès la naissance sur des millions,
tandis que l'autre ne possédera de toute sa vie ni terre ni
capital, et sera, avec des centaines ou des milliers de com-
pagnons, forcé à un travail des plus durs pour entretenir
l'oisiveté luxueuse de quelques-uns ? L'individu n'a pas le

(1) Note du traducteur.

droit de disposer comme il l'entend de ce qu'il a acquis, car ses gains n'ont été possibles que dans la société et par sa coopération. Qu'il jouisse jusqu'à sa mort des fruits de son activité ou de ses talents personnels, rien de plus juste. Mais il ne saurait les transmettre à ses héritiers ni profiter du travail de ses ascendants. Il ne s'agit donc pas de toucher à la propriété acquise par le zèle ou l'épargne de l'individu, mais bien de limiter celle qui est due au travail ou à la chance des autres. Le fils doit travailler comme son père et rendre, à sa mort, en totalité ou en partie, à la société, ce qu'il a pu acquérir sous sa protection.

On pourrait citer en modèle les animaux, qui prennent soin de leurs petits de la façon la plus touchante, mais qui les abandonnent dès qu'ils sont en état de se suffire à eux-mêmes.

Le retour des biens à l'État après le décès de leurs possesseurs donnerait à celui-ci des ressources presque inépuisables et lui permettrait de subvenir à maintes fonctions sociales, telles que l'élevage des enfants en cas d'absence ou d'incapacité des parents, l'entretien des veuves, l'extinction du paupérisme, l'amélioration des conditions du travail et des voies de communication. Le trésor de l'État devrait jouer le même rôle que le cœur dans un organisme vivant. Par un courant continu d'échanges, les richesses des particuliers viendraient s'y concentrer pour de là repartir vers la périphérie et y être distribuées au plus grand profit des individus. Qu'on se représente l'activité d'une société où, au lieu des intérêts, les capitaux eux-mêmes seraient en circulation. Comme le dit Max Nordau, « chaque individu jouirait d'une propriété privée et de biens communs à tous ; en travaillant pour lui-même, il travaillerait pour la société à qui reviendrait un jour tout l'excédent de ce qu'il n'aurait pu consommer lui-même. La caisse centrale serait comme un bassin de réserve qui, avec le superflu de l'un, comblerait le déficit de l'autre, et qui, à chaque génération, égaliserait à nouveau les conditions, alors qu'actuellement le droit d'héritage fixe et exagère les inégalités sociales ».

Le troisième point que nous avons à considérer concerne la transformation de l'État en une vaste *société d'assurances* contre les accidents inévitables de la vie. Cette mesure aurait, à elle seule, pour effet la disparition d'une grande partie des misères sociales. Elle rendrait en tous les cas superflue l'assistance publique, qui a de si grands inconvénients moraux et qui est souvent plus nuisible qu'utile. Le socialisme d'État, inauguré par Bismarck, a du moins montré que la nécessité d'agir dans cette voie est reconnue par les cercles officiels. Mais ce n'est là qu'un essai timide, qui ne saurait avoir une efficacité réelle. Il peut même amener des désillusions et empêcher de recourir à des réformes plus radicales. Il en est de même des institutions de bienfaisance privées ou publiques, de celles qui ont pour but de relever le niveau moral ou intellectuel des classes populaires, des sociétés coopératives de production ou de consommation, des syndicats ouvriers et des tentatives faites pour améliorer le sort des classes laborieuses en fixant un salaire minimum ou le nombre des heures de travail. Ce sont là des remèdes illusoires, des palliatifs qui ne sauraient trancher le mal dans sa racine.

Avec un système d'assurance obligatoire pour tous on éviterait le principal inconvénient des compagnies privées, qui excluent les malades, les infirmes, les faibles, c'est-à-dire précisément ceux pour lesquels l'assurance serait le plus nécessaire. Il n'y aurait plus de pauvres ni d'abandonnés, et le grand principe de réciprocité serait la loi suprême de la société. Celle-ci ne subirait d'ailleurs aucune modification dans son organisation générale; on aiderait chaque citoyen suivant ses besoins, ses conditions d'existence, sa situation et les sacrifices qu'il aurait faits à l'État. Le travailleur qui a par ses œuvres contribué à la prospérité de la société a tout autant de droit que le fonctionnaire à ne pas être jeté au rebut, mais à être entretenu dans sa vieillesse ou en cas d'infirmités par la communauté.

« Impôts pour personne, retraite pour tous, » c'est ainsi

que W. Saunders caractérise le but dernier de la réforme sociale. Le droit de l'État à organiser cette assurance obligatoire ne saurait être nié, lorsqu'on voit de grands établissements forcer leurs ouvriers, par des retenues sur leurs salaires, à prendre part à un système d'assurance mutuelle. Cependant on a qualifié cette proposition d'utopique, on a dit qu'elle était inexécutable. Ceci ne doit cependant pas s'entendre du système en lui-même puisque certaines de ses parties fonctionnent déjà, la taxe personnelle de Henry George en Nouvelle-Zélande, le socialisme d'État en Allemagne, les droits sur les héritages un peu partout. L'impossibilité de l'appliquer dans son intégralité provient tout simplement de l'égoïsme et de l'étroitesse de vues des classes possédantes. Mais toute tentative d'amélioration sociale se heurtera au même obstacle, et, pour le lever, nous pouvons seulement espérer que la lumière se fera peu à peu dans les esprits. En tous les cas, pour être réalisé, mon système n'a pas besoin de moyens violents : il peut être mis en pratique progressivement et sans secousse, en partant des conditions actuelles.

Il en est tout autrement du programme des divers *partis socialistes* qui font actuellement tant parler d'eux. Si, en Allemagne, les démocrates-socialistes assurent que leur système peut être appliqué sans recourir aux moyens violents, les collectivistes français (1), plus conséquents avec eux-mêmes, se vantent au contraire d'être révolutionnaires. Il n'y a, pour s'en assurer, qu'à considérer les affiches électorales placées dans les grandes villes par les comités des innombrables sectes en lesquelles s'est fragmenté ce parti.

Si Lassalle a pu s'imaginer que le suffrage universel conduirait sans secousses au socialisme, une expérience de près d'un demi-siècle a montré qu'il n'en était rien. La seule solution est donc le recours à la force ; en l'état actuel des choses il aurait pour conséquence une répression terrible, qui rap-

(1) Note du traducteur.

pellerait les horreurs de la guerre des paysans. Si, par impossible, les « bataillons ouvriers » pouvaient amener la victoire du prolétariat, c'est-à-dire des masses dépourvues d'instruction, cet état de choses ne saurait durer. Un pareil gouvernement se détruirait bientôt lui-même et ceux qui l'auraient aidé à s'établir seraient ses premières victimes. Que les gens instruits qui, pour flatter les passions populaires, prêchent le socialisme, réfléchissent aux conséquences de leurs actes !

Ce ne sont pas seulement des causes extérieures, mais bien des raisons internes qui font de l'État collectiviste une utopie. Il est impossible en effet de remettre aux mains de l'État l'organisation et la direction de l'ensemble du travail humain. Ce serait anéantir toute liberté, toute initiative individuelle, enlever cet aiguillon de la concurrence sans lequel il n'y a pas d'effort. Le grand'réformateur américain Henry George n'hésite pas à comparer une pareille organisation du travail au despotisme des potentats égyptiens. Pour le socialiste Hertzka, cette tyrannie serait « la fin de tout progrès et la mort de la civilisation ».

Il est impossible également de donner à l'ouvrier le produit intégral de son travail ; car on n'aurait plus intérêt à exploiter une invention nouvelle, à fonder ou à diriger une entreprise industrielle. D'ailleurs le gain qui paraît si grand entre les mains d'un seul n'améliorerait pas sensiblement le sort des ouvriers lorsqu'il serait distribué entre eux tous. A ce point de vue encore la constitution d'un État collectiviste préparerait bien des désillusions.

Les socialistes nous parlent beaucoup de la *lutte des classes*. Mais eux-mêmes nous préparent une collectivité caractérisée plus que toute autre par la domination d'un groupe social. Ce sera celui des ouvriers d'industrie, auquel toutes les forces de l'État devront être subordonnées. Ils oublient qu'ils ne constituent qu'une minorité et qu'un très grand nombre de travailleurs ne tireront aucun profit de la fabrication de tous les produits nécessaires par l'État. « N'est-il pas risible, demande Backhaus, de vouloir faire du prolétariat la classe dominante? D'en faire une classe alors que le système des classes est odieux aux socialistes et aux communistes? D'en faire la classe dominante, alors qu'ils ne veulent supporter la domination de personne? N'est-ce pas une contradiction insoluble de vouloir donner la puissance politique suprême au prolétariat et concentrer entre ses mains tous les moyens de production, comme si les autres éléments de la société n'existaient pas? »

Non, le véritable socialisme ne veut favoriser ni une classe ni un groupement professionnel. Il veut libérer toute la société, en y comprenant les travailleurs intellectuels dont la situation est souvent plus mauvaise encore que celle des ouvriers. Dans ce but il doit égaliser les fortunes et les moyens avec lesquels chacun soutient la lutte pour l'existence. Au fond nous sommes tous des travailleurs, à l'exception de l'infime minorité qui vit des capitaux ou des domaines accumulés par ses ancêtres. Il ne faut pas, comme les collectivistes, vouloir transformer l'individu en une machine, mais bien lui laisser toute son indépendance.

Les pontifes du socialisme nous disent bien que l'on ne peut encore prévoir comment la société future se développera en vue du bien de tous. Mais c'est là nous inviter à faire un saut dans l'inconnu; ceux-là seuls y consentiront qui n'ont rien à perdre à un changement. Si les masses ouvrières s'y décident, si elles croient aveuglément aux promesses de leurs guides, cela s'explique parce qu'elles sont pénétrées du sentiment de leur misère et qu'elles sont prêtes à suivre quiconque leur fait entrevoir des jours meilleurs, sans se demander au juste comment leur sort s'améliorera. Le principal mérite des écoles socialistes est d'avoir donné au peuple une conscience de plus en plus nette de la tristesse de sa situation et d'avoir mis sur le tapis les problèmes sociaux qui ont pu être envisagés et discutés sous

toutes leurs faces. Enfin, d'une façon plus générale, son
rôle de parti d'opposition et l'agitation qu'il provoque ne
peuvent qu'être favorables au progrès des esprits (1).

(1) Pour une discussion plus approfondie des théories socialistes, je
renvoie à mes *Conférences sur la théorie darwinienne avec application de cette théorie à l'homme* (traduit de l'allemand par A. Jacquot),
et pour l'organisation de l'État en société d'assurances mutuelles à
l'un des chapitres de mon ouvrage intitulé *Nature et science* (traduit de
l'allemand par G. Lauth).

X

LE FÉMINISME

Situation de la femme aux époques anciennes et chez divers peuples. — L'égalité des sexes et les lois naturelles. — Rapports réciproques des sexes dans les espèces animales. — Le matriarcat et la polyandrie. — Le « sexe faible ». — Le cerveau et l'intelligence. — Le droit de vote et la libre concurrence. — L'émancipation et le mariage. — Le mouvement féministe en Amérique et en Europe. —

On sait que, à de rares exceptions près, la situation de la femme a, chez tous les peuples et dans tous les temps, été d'autant meilleure que la civilisation était plus développée. D'après Tacite (*Germania*, chap. xv), les anciens Germains passaient tout le temps qui n'était pas occupé par la chasse ou la guerre dans l'oisiveté et les festins ; les travaux de la maison et des champs étaient réservés à leurs épouses ; et cependant, parmi tous les peuples de l'antiquité, les Germains étaient celui qui accordait le plus de respect à la femme. L'autorité domestique de celle-ci était incontestée, et, chez les Gaulois, qui ne sont qu'un rameau de la même race, elle prenait part, d'après le même auteur, à toutes les délibérations importantes.

Dans la civilisation grecque, si raffinée à bien des points de vue, la situation de la femme n'était pas meilleure que chez les autres peuples anciens. Comme dans tout l'Orient, elle n'était guère qu'une esclave, elle était exclue de la vie publique et ne recevait qu'une très faible instruction. En revanche, les hétaïres étaient très estimées, et Platon ré-

clame, dans son État idéal, une émancipation complète de
la femme. A Rome, il en était à peu près de même et seules
les prêtresses des temples jouissaient de la considération
générale.

Le christianisme, malgré ses tendances égalitaires, n'amé-
liora pas le sort de la femme. Tout au contraire « l'éternelle
tentatrice » était considérée comme un être de condition
inférieure. Les premiers pères de l'Église disputèrent longtemps pour savoir s'il fallait lui accorder une âme. On
trouve dans leurs écrits les diatribes les plus véhémentes
contre ce sexe considéré comme le fournisseur de l'enfer et
la source de tous les maux de l'humanité.

Le bouddhisme lui-même, à d'autres égards si libéral,
n'est pas très favorable à la femme. Actuellement encore
les Hindous lui dénient la possession d'une âme et la for-
cent à se suicider sur le cadavre de son mari, si elle ne veut
pas être mise au ban de la société. La mort volontaire ou
forcée des veuves est du reste une coutume assez répandue
chez divers peuples; elle indique que la femme n'est considérée que comme un appendice de l'homme, et que, sans
lui, elle n'a pas droit à l'existence.

Le mahométisme ne fut pas plus équitable que les autres
religions envers la femme. Lui aussi ne la considère que
comme un objet mobilier, dénué d'âme et destiné seulement aux plaisirs de l'homme. Elle peut à tout moment
être répudiée, elle ne paraît pas au service divin, n'a presque pas le droit d'hériter et ne va pas au paradis, où les
besoins de l'homme sont satisfaits par des houris éternel-
lement jeunes. Le mari ne mange pas avec ses épouses, il
se fait servir par elles et leur abandonne les reliefs de sa
table. La femme riche vit dans la paresse et l'oisiveté,
celle d'une condition inférieure est soumise aux plus durs
travaux ; en voyage elle va à pied et lourdement chargée,
à côté de son seigneur et maître fièrement campé à
cheval.

Les Chinois croient que la femme n'a pas d'âme, qu'elle

est un être inférieur, destiné uniquement à servir l'homme.
Le but de son éducation est d'amener une soumission absolue et non le développement à son intelligence.

Chez les Japonais l'obéissance et la patience sont les
principales vertus recommandées aux jeunes filles; la femme
n'est que la première servante de l'homme, n'a pas le droit
de manger avec lui et peut être répudiée assez facilement.
Cependant, sa situation est en général meilleure dans
la pratique que chez les autres peuples de l'Asie. L'introduction de la civilisation occidentale a aussi amené certaines
réformes.

Malgré son culte chevaleresque de la femme, le Moyen-
Age européen ne fait pas exception à la règle. Les mauvais
traitements étaient permis et même recommandés ; la
femme était chassée de son foyer sous le prétexte le plus
futile. Enfin les atroces et stupides procès de sorcellerie, dont
la relation nous fait encore frémir, avaient presque toujours
pour victimes des femmes sans défense. L'horreur et la
crainte de la femme, considérée comme instrument de
perdition, peuvent compter parmi les résultats les plus né-
fastes du christianisme. Jamais les rapts, les viols et les sé-
ductions n'ont été plus nombreux qu'aux xiv° et xv° siè-
·cles, cet âge d'or de la chevalerie. Lorsqu'on prenait les
villes ou les châteaux forts on se faisait un plaisir de souil-
ler les femmes et les filles, et souvent on les massacrait
ensuite de la façon la plus cruelle.

Chez tous les peuples sauvages ou demi-barbares, la
femme est considérée comme une esclave ou une bête de
somme. Elle se livre aux travaux les plus fatigants, elle est
soumise à tous les caprices du maître et ne reçoit que les
restes de ses repas. On l'achète, on la vend, on l'échange,
on la vole comme un objet quelconque ayant une certaine
valeur. Que l'on aille chez les Nègres d'Afrique, les Peaux-
Rouges d'Amérique, chez les Australiens ou les Asiatiques,
c'est toujours le même triste spectacle qui frappe les yeux.
Les peuples barbares qui accordent quelque considération

à la femme et ne la traitent pas trop durement constituent de rares exceptions.

Mais la situation de la femme n'est guère meilleure chez
certaines nations à demi civilisées. Dans le Monténégro, et
en général chez les Slaves du Sud, la femme est seule à
travailler, tandis que son mari vit dans une noble oisiveté.
Chez les Albanais elle n'a pas le droit de lui adresser la parole
devant des étrangers ; elle doit embrasser les mains de
tous les hôtes qu'il amène. On rencontre d'ailleurs chez
beaucoup de peuples des cérémonies de ce genre, destinées à montrer le mépris qu'on a pour la femme. Dans
certaines tribus nègres, l'épouse ne peut s'approcher de
son mari qu'à genoux, ou bien elle n'a pas le droit de passer
devant lui, ou encore elle doit se tenir debout en sa présence, comme un soldat à la parade.

Dans notre société elle-même, on observe entre les
classes élevées et populaires les mêmes différences qu'entre
les nations civilisées et les peuplades barbares. A mesure
qu'on descend dans des couches sociales plus grossières on
voit diminuer l'estime en laquelle l'homme tient la femme,
on voit celle-ci maltraitée et forcée de se livrer aux travaux les plus pénibles. On peut donc estimer l'état de culture
d'une époque, d'un peuple, d'une classe sociale ou même
d'un individu d'après la façon dont est traitée la femme.

Ce seul fait suffit à montrer en quel sens doit se modifier
à l'avenir la situation de celle-ci. Il n'y a pas la plus petite
raison pour ne pas étendre à la moitié féminine du genre
humain ce principe de l'égalité des droits qui est universel-
lement reconnu à notre époque. Mais chez la plupart des
hommes la puissance de la routine et des préjugés est si
grande qu'elle fait échouer les réformes les plus justes et
les plus rationnelles. Aussi l'expérience du temps à laquelle
on en appelle si volontiers n'a-t-elle qu'une valeur toute
relative. Pendant des milliers d'années on avait si peu de
notion de la justice que l'on considérait l'esclavage com-

me une institution justifiée par le droit divin et humain, et qui ne pouvait être supprimée. De même, actuellement, dans la question féminine on a recours au témoignage de l'histoire : la nature elle-même, dit-on, a donné à la femme une situation inférieure, qu'elle doit conserver.

Les *lois de la nature* sont ainsi invoquées le plus souvent par des gens qui ne les connaissent pas, ou qui les confondent avec des habitudes anciennes. D'après Aristote, la femme est un homme mal réussi et cette opinion a été reprise par certains philosophes modernes, d'après lesquels elle serait un organisme mâle arrêté à un stade donné du développement embryonnaire. Si cependant nous étudions de près la nature, nous constatons qu'il n'y a pas un seul fait anatomique, physiologique ou embryologique qui justifie la prééminence d'un sexe sur l'autre. Les organes mâles et femelles se développent sur un appareil primitivement identique et ne se spécialisent qu'à une époque relativement tardive de l'évolution individuelle, en vertu de ce principe si fécond de la division du travail. De même, la reproduction sexuée n'est apparue qu'à une époque assez récente de l'évolution des espèces; celles-ci ont passé de la génération asexuée à ce stade hermaphrodite si remarquable, qui existe encore dans beaucoup d'espèces animales ou végétales, et enfin à la reproduction sexuée. Il est probable que les embryons de tous les animaux supérieurs sont hermaphrodites et que ce n'est qu'au cours de leur développement que les organes de l'un ou de l'autre sexe viennent à prédominer. En tous les cas, tout au début ils sont asexués et les glandes qui deviendront plus tard mâles ou femelles sont indifférentes.

L'unité primitive des sexes est encore démontrée par ce fait que les enfants de sexes différents ne se distinguent que faiblement les uns des autres. Les caractères physiques et moraux spéciaux n'apparaîtront que plus tard. Les petites filles sont souvent même intellectuellement plus développées que les jeunes garçons de même âge. Enfin la castration fait, même chez l'adulte, apparaître les caractères du sexe opposé. Ce fait est également en contradiction avec l'hypothèse d'une différence fondamentale entre les sexes.

L'ancienne philosophie naturelle opposait l'homme comme élément actif à la femme considérée comme élément passif. Cette théorie ne repose que sur des conceptions *a priori* et non sur des données physiologiques. Tous les faits que nous avons énumérés prouvent qu'il n'existe aucune différence fondamentale entre les deux sexes.

Si, d'autre part, on veut que le sexe féminin soit toujours subordonné au masculin par rapport à la force ou à la taille, il suffit de jeter un regard sur le *règne animal* pour montrer l'inanité de cette théorie. Dans quantité d'espèces, le mâle n'est pas seulement plus petit et plus faible, mais moins intelligent que la femelle. Cette règle est poussée à l'extrême chez certains Mollusques et Crustacés, chez lesquels le mâle, de taille infime, vit en parasite sur ou dans le corps de la femelle; chez un vers intestinal, le *Trichosomum crassicaudum*, il se trouve dans l'ovaire, au milieu des œufs fécondés par lui.

Dans les sociétés des hyménoptères (abeilles, bourdons, guêpes, fourmis, etc.), le rôle du mâle est tout à fait subordonné. Il en est de même encore chez les araignées : le mâle, tout petit, n'approche qu'en tremblant de sa redoutable épouse, qui n'hésite pas à le dévorer une fois qu'il a rempli son rôle. Ces faits sont trop connus pour qu'il y ait lieu d'insister (1). D'ailleurs les mâles sont plus petits que les femelles, chez la plupart des arthropodes.

Il en est de même chez les poissons et les reptiles. Chez les oiseaux, l'œuvre si difficile de la construction du nid et de l'élevage des petits est presque en entier confiée à la mère, tandis que le mâle passe une partie de son temps

(1) Voir L. Büchner, *la Vie psychique des bêtes*, traduit par Ch. Letourneau.

à chanter. Chez les rapaces il est en général plus petit que la femelle.

Enfin la supériorité du sexe féminin ne se rencontre pas seulement chez les animaux, mais dans l'espèce humaine. Les auteurs anciens nous ont laissé des récits plus ou moins fabuleux sur les États des Amazones. Les voyageurs ont constaté qu'il existe en Afrique, en Asie et dans l'Amérique du Sud des organisations analogues, où les hommes ne jouent qu'un rôle subordonné. Nous savons aussi que les rois des Achantis et du Dahomey entretenaient jusqu'à une époque toute récente des gardes féminines qui se distinguaient par leur courage et leur férocité.

Chez certaines tribus sauvages, la dignité de chef suprême est toujours conférée à une femme. D'autres, les Hurons et les Iroquois, par exemple, ne connaissent que la succession maternelle; les enfants n'appartiennent qu'à la mère et une famille où il ne naît que des garçons est supposée s'éteindre; de plus dans ces tribus règne la polyandrie. On voit donc que la société humaine n'a pas toujours et partout commencé par la domination paternelle. Chez les peuples les plus divers, nous rencontrons le *matriarcat*, c'est-à-dire que la mère est le véritable chef de la famille. Un grand nombre de savants pensent même que la famille a partout débuté par l'hégémonie maternelle, et que la domination de l'homme n'est apparue qu'à un stade plus récent.

Plus encore que le matriarcat, la *polyandrie* montre la prédominance de l'influence féminine. Cette institution, très répandue, consiste en ce qu'une femme a plusieurs maris.

Enfin, en ce qui concerne la force physique, on peut affirmer que, dans l'espèce humaine comme chez les animaux, l'expression de « sexe faible » n'est pas toujours justifiée. D'après les récits des voyageurs, dans les tribus où la femme suffit aux travaux les plus rudes, elle est douée de muscles plus puissants que ceux de l'homme. On peut d'ailleurs faire les mêmes constatations chez nous lorsqu'on étudie les classes laborieuses et spécialement le peuple des campagnes. Il y avait en 1881 en Angleterre 40.000 femmes travaillant aux champs, 30.000 occupées dans les mines et 100.000 se livrant à d'autres travaux manuels moins rudes. Il est certain que, dans toutes les professions exigeant une notable dépense de force, les caractères spécialement féminins tendent à s'effacer : la femme prend la carrure et l'apparence de l'homme.

Ces faits prouvent tous que le rôle subalterne assigné à la femme par la société ne se justifie pas par les lois naturelles. Cette démonstration n'est pas ébranlée par une objection chère à tous ceux qui combattent l'émancipation de la femme. Je veux parler de la petitesse relative de son cerveau. Il faut tout d'abord faire observer qu'il est assez étrange de rencontrer cet argument dans la bouche de gens à tendances plutôt spiritualistes. Il ne repose d'ailleurs sur aucun fondement. Il n'y a aucune différence essentielle entre la structure cérébrale de l'homme et celle de la femme. Si chez celle-ci le poids absolu du cerveau est moins grand, le poids relatif (comparé au poids du corps) est plutôt un peu plus fort que chez l'homme. D'ailleurs, on sait maintenant que ce qui importe ce n'est pas tant la *quantité* de substance cérébrale que la *qualité* de cette substance. La science n'est pas encore assez avancée pour nous permettre de découvrir des différences fondamentales dans la structure des cellules nerveuses des deux sexes. Il est probable qu'elle n'y parviendra jamais.

On ne saurait cependant nier que, physiquement et intellectuellement, la femme est en général bien inférieure à l'homme. Celle des classes aisées se plaît aux folies de la mode, à des bavardages futiles, à des exercices de dévotion superstitieuse, à la lecture de romans insipides. Elle ne cherche pas à développer son instruction, fuit toute occupation sérieuse. La raison en est facile à trouver. Elle réside

d'une part dans l'éducation défectueuse donnée à la jeunesse
féminine, d'autre part dans la position sociale inférieure qui
est assignée à la femme. Tout n'est pas de posséder un cerveau identique à celui de l'homme, encore faudrait-il apprendre à s'en servir, pour qu'il puisse rendre tout ce qu'il est
capable de donner. Si l'on réfléchit que, depuis un temps
immémorial, la femme se trouve dans une situation qui ne lui
permet d'occuper son esprit que d'objets d'ordre secondaire,
tels que les soins du ménage, l'élevage des enfants, on ne
s'étonnera pas de voir ses facultés moins développées que
celles de l'autre sexe. Darwin a raison lorsqu'il affirme (1)
que l'homme est supérieur à la femme dans tout ce qu'il
entreprend. Il a raison encore lorsqu'il dit que si l'on dres-
sait une liste d'hommes éminents en poésie, en peinture, en
sculpture, en musique, en science, en philosophie et qu'on
la compare à une liste de femmes remarquables dans les
mêmes matières, celle-ci ne supporterait aucune comparaison avec la première.

Certainement, mais comment pourrait-il en être autrement
avec l'éducation si différente des deux sexes et avec leur
situation sociale si dissemblable? Comme le dit Dodel, ces
listes ne seraient probantes que si, pendant de longues générations, le même nombre d'hommes et de femmes avaient
reçu la même instruction scientifique et artistique, et s'il se
trouvait que parmi leurs descendants les concurrents mâles
l'emportent en intelligence sur les femmes.

Ou bien, que l'on renverse la situation; que l'on mette
les jeunes garçons à partir de 12 ans à la cuisine, qu'on leur
donne un tricot ou des ouvrages de couture, et que l'on
envoie un même nombre de jeunes filles au lycée et à l'Uni-
versité. On verra alors lequel des deux sexes l'emportera.
D'ailleurs cette expérience a déjà été faite. Dans un des der-
miers examens pour le grade de *Bachelor of arts*, à l'Uni-

(1) DARWIN, *la Descendance de l'homme et la sélection sexuelle*,
traduit par E. Barbier.

9

versité de Londres, 42 o/o des candidats masculins furent reçus, contre 73 o/o des candidats féminins. Sauf une, toutes ces jeunes filles obtinrent la meilleure note, quoique leur âge fût en moyenne inférieur à celui des étudiants de l'autre sexe. Il y a chez la femme une facilité de compréhension et des qualités d'application qu'on ne rencontre pas au même degré dans le sexe masculin. Il faut cependant tenir compte de ce fait que, seules, les jeunes filles les mieux douées et les plus désireuses de s'instruire fréquentent les Universités, tandis qu'un grand nombre de jeunes gens des classes aisées s'y rendent sans être réellement dignes, par leurs dons naturels, de recevoir une instruction supérieure. Ces chiffres permettent cependant d'admettre que si la concurrence des deux sexes s'exerçait librement, la puissance de pensée de la femme serait loin d'être inférieure à celle de l'homme. On peut dire sans exagération qu'aucune branche du savoir humain n'est interdite à la femme et que tous les travaux de l'homme peuvent être aussi bien exécutés par elle.

L'injustice de la situation faite à la femme ressort encore mieux si nous comparons celle des classes élevées aux membres masculins des castes populaires, qui ne se livrent qu'à des travaux corporels. Quelle énorme différence intellectuelle! Et cependant le journalier stupide, l'ouvrier abruti par l'alcool prennent part à la vie politique de leur pays en vertu de leur droit de suffrage, tandis que la femme la plus instruite en est exclue comme incapable ou indigne! D'ailleurs il ne manque pas de cas où, dans un ménage, la femme surpasse son mari en instruction, en savoir, en habileté dans les affaires. Que l'on pense seulement à toutes celles qui dirigent des maisons de commerce, souvent avec le plus rare bonheur.

A la vérité cette supériorité n'est pas la règle, et s'il y a des femmes cultivées il y en a encore plus qui sont dépourvues de toute instruction. Mais pourquoi la minorité doit-elle souffrir de cet état de choses ? Pourquoi n'est-il pas possible d'élever par l'éducation toutes les femmes à ce niveau moyen de culture intellectuelle qui est l'apanage de la plupart des électeurs ? C'est une grande injustice que d'empêcher les femmes élevées par l'esprit, le savoir ou le caractère, de développer leurs facultés. Aussi sommes-nous partisans de la *libre concurrence* des deux sexes dans tous les domaines de l'activité humaine. Nous voulons la destruction de tous les obstacles que la tradition, les mœurs ou la loi opposent encore à la femme. Si nos adversaires nous opposent que sa faiblesse empêche celle-ci de soutenir cette concurrence, c'est donc que l'homme a peu de choses à craindre d'elle. Mais l'expérience de tous les jours nous montre qu'il y a un grand nombre de professions qui peuvent être exercées aussi bien, sinon mieux, par la femme que par l'homme ; ce sont toutes celles qui exigent du soin, du goût, de la patience, de l'habileté de mains.

Si nous nous élevons un peu plus haut dans l'échelle des professions, nous observons que le commerce, la tenue des livres, les fonctions administratives, celle de caissière, la direction de domaines ou d'hôtels conviennent fort bien aux femmes. Les institutions de bienfaisance de toutes natures réussissent bien mieux entre leurs mains qu'entre celles des hommes ; il en est de même de l'éducation des enfants. Quant aux beaux-arts il est inutile de s'y étendre ; car le sexe féminin y a des représentants éminents. Il en serait de même des branches les plus élevées du savoir humain, si les entraves qui arrêtent l'essor du sexe féminin étaient enlevées. Malgré elles il y a eu à toutes les époques des femmes illustres dans les sciences, la médecine, le droit, les mathématiques, la théologie, et même la philosophie. Il y a eu des périodes au Moyen-Age où les femmes savaient lire et écrire, et non les hommes.

En politique les femmes ont toujours joué un rôle marqué ; souvent elles ont dépassé en habileté et en prudence, en énergie et en décision les hommes qui étaient à leurs

côtés. L'histoire nous en fournit de nombreux exemples,
depuis Sémiramis jusqu'à Catherine II. D'ailleurs, en donnant à la femme le droit de monter sur le trône, on a
bien montré qu'on la considérait comme aussi capable que
l'homme de s'occuper des plus grandes questions.

A l'inverse il n'a jamais manqué d'hommes qui auraient
plutôt mérité de manier le fuseau que de siéger au conseil
et de diriger les affaires qui demandent de l'énergie et de la
perspicacité.

Des esprits arriérés prétendent que si la femme réclame
les mêmes droits que l'homme, elle doit se soumettre aux
mêmes devoirs et faire, par exemple, son service militaire.
Ils n'ont pas réfléchi qu'en mettant des enfants au monde
elle court plus de dangers que le soldat à la bataille. En
cas de guerre elle a d'autre part à soigner les blessés et les
malades et à diriger la maison lorsque le père est parti.

De nombreuses femmes manquent actuellement le but de
leur vie et se sentent malheureuses par défaut d'occupation.
Les unes, à qui, d'après les préjugés régnants, leur position
sociale interdit tout travail, tombent dans une oisiveté
écœurante; d'autres cherchent un dérivatif dans le luxe,
les satisfactions de la vanité ou les commérages. Une femme
cultivée et capable de gagner sa vie par un travail utile se
tiendra éloignée de toutes ces frivolités. Elle ne sera pas
forcée de compter exclusivement sur le mariage et de donner
sa main au premier venu pour se faire une situation. Si
elle ne se marie pas, elle ne se sentira pas très malheureuse,
et, dans le cas contraire, elle aura, aux côtés de son époux,
une situation beaucoup plus digne qu'aujourd'hui. Enfin,
si elle devient veuve, elle pourra suffire à son entretien et à
celui de ses enfants.

Il est risible de prétendre que l'instruction enlèvera à la
femme sa grâce et ce qui nous la rend séduisante. La
femme restera femme, même si elle pense avec autant de
clarté et de profondeur que l'homme, et il est bien préfé-

rable d'épouser une jeune fille intelligente qu'une sotte.
Dans la vie pratique elle-même, les femmes instruites se
comportent en général bien mieux que celles qui ne sont
pas cultivées et dont la vie sentimentale s'est dévéloppée
aux dépens de l'intelligence. On ne voit pas comment une
certaine dose de connaissances pourrait empêcher la
femme de vaquer à ses occupations domestiques.

Je ne nie pas qu'une émancipation brusque aurait ses
dangers. Mais il en est ainsi des meilleures choses. D'ailleurs le sentiment des convenances, si développé chez la
femme, l'empêcherait d'abuser de sa liberté. Ce n'est même
que peu à peu qu'elle s'habituerait à prendre part aux affaires publiques ; aussi le changement n'aurait lieu que d'une
façon toute progressive.

Toutes ces considérations ne tendent pas à enlever la
femme à son cercle d'occupations naturel, le foyer et l'enfant. Que son sexe soit émancipé ou non, la maison et la
famille doivent toujours être le centre principal où s'exer-
cera son action. Il y aura toujours une majorité de femmes
qui préféreront à tout le mariage et qui y trouveront le
bonheur. Mais avec les difficultés croissantes de l'existence
le nombre des femmes qui ne peuvent pas se marier aug-
mente d'année en année. Il y a des veuves et des abandonnées ; il y a celles qui éprouvent le besoin d'une activité
intellectuelle plus élevée, ou qui préfèrent une indépendance laborieuse aux éventualités d'un mariage incertain.
On sait que, dans la plupart des États européens, le nombre des femmes dépasse celui des hommes d'une façon très
appréciable. Il y a de plus un grand nombre de célibatai-
res volontaires dans le sexe masculin.

Que reste-t-il à faire à cet excédent de femmes, si elles
n'ont pas de fortune personnelle ? Elles n'ont qu'à sacrifier
leur santé et leur vie dans une de ces professions mal
rétribuées qui leur sont ouvertes aujourd'hui, ou bien à se
jeter dans la prostitution.

Tout ceci serait évité si les mœurs, les préjugés et les

lois n'opposaient mille obstacles au développement des
facultés de la femme, si celle-ci avait les mêmes droits que
l'homme. Alors disparaîtrait cette terreur du célibat qui a
déjà causé tant de mal. Il y aurait moins de mariages malheureux, par suite une amélioration de la vie conjugale et
une augmentation de la prospérité générale. En effet, le
mariage a la plus grande importance au point de vue de
l'avenir de l'humanité; c'est lui qui donne essor aux générations nouvelles, dont la constitution physique et morale
modifie en bien ou en mal la société tout entière. Aussi
tout avilissement intellectuel ou corporel de la femme a son
retentissement dans la race.

Enfin on peut proposer aux adversaires de l'émancipation de la femme l'exemple de l'Amérique, où le respect
de ce sexe est porté très haut, et où il a pu réaliser la plupart de ses exigences, en y comprenant même, dans certains
États, le droit de suffrage. Il n'y a guère de branche de
l'activité humaine où le sexe féminin n'ait ses représentants. Pour ne parler que des positions libérales, on comptait aux États-Unis, d'après des relevés déjà anciens, 120
avocates, 165 prédicatrices, 320 femmes de lettres, 588 jour-
nalistes, 2.061 artistes, près de 2.000 pharmaciennes, 2.438
femmes-médecins, 13.182 musiciennes. Il y avait, en outre,
56.800 fermières, 21.071 teneuses de livres, 14.465 com-
merçantes, 160.000 institutrices et 2 à 3.000 fonctionnaires. Ces chiffres ont encore dû augmenter depuis leur publication. En Europe on observe le même mouvement. Il y
avait dès 1887, 698 doctoresses en médecine en Russie. La
Suisse occupe de nombreuses femmes dans les postes et
les télégraphes. En Angleterre, il y a environ 3 fois plus
d'institutrices que d'instituteurs; il y en avait déjà 120.000
en 1881. Les fabriques de lainages, de soieries et de coton
y occupent plus de femmes que d'hommes. D'après le
même recensement il y avait 3.261 femmes au service de
l'État, et 3,017 à celui des municipalités.

En France, il y avait, dès 1888, 5.000 femmes occupées aux postes et télégraphes ; la Banque de France emploie une moyenne de 400 femmes, le Crédit foncier 200, l'instruction publique 100.000 contre 90.000 hommes.

L'Allemagne n'est pas très avancée sous ce rapport. Cependant, d'après les recherches du Dr R. Wuttke, on a fait de sérieux progrès, de 1882 à 1895, dans toutes les branches de l'industrie. Il en est de même dans le commerce, en médecine, dans l'enseignement et les arts.

En résumé, l'émancipation totale de la femme n'est qu'une question de temps. L'énorme accroissement du nombre des étudiantes dans les Universités prouve combien les femmes ont conscience de la nécessité d'atteindre ces professions qu'on croyait les hommes seuls capables de remplir. Il y a (1) derrière l'opposition faite à cette émancipation une raison qu'on ne dit pas, et qui ne fait pas honneur au sexe masculin. C'est tout simplement la crainte de voir la femme échapper à sa tutelle, la crainte de la voir se poser en concurrente et provoquer dans un certain nombre de professions un avilissement des salaires. Quand même cela serait, la cause de la femme est si juste que les esprits finiront par y venir. C'est là une de ces grandes réformes indispensables, sans lesquelles on ne peut concevoir la paix et l'équilibre de la société.

(1) Note du traducteur.

XI

LA QUESTION JUIVE

L'antisémitisme et la société capitaliste. — Les Hébreux au cours de
l'histoire. — Antisémites et nationalistes. — Le rôle des Juifs et la
question sociale.

Sur une population d'environ 50 millions d'habitants, il
y a en Allemagne 500.000 Israélites, soit 1 o/o ; en
France, cette proportion est encore moindre. S'il était vrai
qu'une race aussi peu nombreuse exerce sur les peuples
d'Europe une influence aussi délétère que le prétendent les
antisémites, le fait ne pourrait s'expliquer que de deux
façons, soit par une faiblesse naturelle, des imperfections
indélébiles du caractère de ces nations, soit au contraire
par un excès de vigueur et d'intelligence de la race juive
qui lui permet de lutter avec avantage contre des peuples
100 fois plus nombreux. Il est certain que les Israélites
sont supérieurs en affaires à beaucoup de représentants des
autres religions ; ils unissent la prudence et la circonspection
à la hardiesse et à l'esprit d'entreprise. Ils ont de plus de
l'ordre, de l'économie et des vertus familiales. Ce sont là
des qualités qu'il serait injuste, de leur reprocher ; elles
seraient du reste incapables à elles seules de produire une
supériorité aussi marquée que celle qu'on nous dépeint ;
car les représentants des autres cultes ont en revanche une
énorme supériorité numérique. Il y a d'ailleurs parmi ceux-
ci bien des individus pires que les Juifs les plus détestables
et qui n'hésitent pas, en affaires, à côtoyer, comme certains
de ceux-ci, l'extrême limite des lois.

Pourquoi donc veut-on rendre ce petit peuple juif
responsable de maux qui ont une racine tout autre que le
Judaïsme ? Que l'on chasse les Israélites, comme on a fait
autrefois en Espagne et en Portugal, et on se convaincra
bientôt que rien n'est changé aux affaires et que les mêmes
sujets de mécontentement persistent. A la place de chaque
usurier ou boursier juif on en trouvera un chrétien, et la
ruine du capitalisme hébreu ne profitera qu'à ses concurrents protestants ou catholiques.

Il est très facile de reconnaître les causes qui ont donné
naissance à ce mouvement antisémitique, qui rappelle les
époques les plus sombres du Moyen-Age. C'est la puissance
croissante du capitalisme héréditaire qui effraie et aigrit la
foule de ceux qui ne possèdent rien ; ils voient qu'en face
de ce dieu redoutable la valeur et les efforts personnels
n'ont que peu d'importance. La masse, incapable de reconnaître les véritables raisons de ce vice de l'organisation
sociale, prend d'autant plus volontiers le Juif pour bouc
émissaire, que celui-ci, par son habileté en affaires et par
ses qualités familiales très favorables à la propagation de
sa race, occupe une place marquante et enviée au milieu
des autres capitalistes. Au Moyen-Age on rendait les Juifs
responsables des épidémies régnantes, on les accusait
d'empoisonner les fontaines ; de même aujourd'hui on
veut voir en eux la cause de l'inégalité des fortunes et de
l'oppression du travail par le capital.

On persécute la Bourse, parce que des Israélites y
déploient leur activité. On ne réfléchit pas qu'elle est indispensable au fonctionnement des affaires, et que les jeux
de bourse et les spéculations qui ont ruiné tant d'existences
ne constituent qu'un abus parfaitement évitable. Personne
n'est forcé d'y participer ; si on le fait c'est à ses risques e
périls. Tout autre jeu entraîne avec lui les mêmes dangers.
Si le Juif recherche les affaires où l'argent est facile à
gagner, il fait ce qui est permis à tout le monde ; et s'il le
fait avec plus de succès que d'autres, c'est à sa propre ha-

bileté qu'il le doit. Il tient de ses ancêtres des facultés et des
aptitudes qu'il serait bien fou de ne pas utiliser. De plus
jusqu'à une époque toute récente les lois et les mœurs le
tenaient éloigné de la plupart des professions ; il en est
d'ailleurs encore ainsi dans plusieurs États européens. S'il
s'attache davantage au veau d'or qu'à l'idéal, il n'agit pas
autrement que des millions de chrétiens, à qui on n'en fait
pas un crime. C'est du reste par l'argent seul qu'il peut
vaincre le mépris des chrétiens, et ce fait n'est pas à l'honneur de ceux-ci. Enfin il ne faut pas oublier que les Israélites ont eu de tous temps des hommes éminents dans la
science, les arts, les lettres, la politique et en général dans
toutes les sphères du savoir et de l'activité humaine.

Si nous jetons un regard sur l'*histoire*, nous sommes
contraints d'avouer que seuls leur amour du travail, leur
intelligence et leur ténacité les ont sauvés de la ruine à
laquelle auraient succombé maints autres peuples sous
l'empire d'aussi épouvantables persécutions. Si une oppression séculaire a exercé une influence défavorable sur
leur caractère, les chrétiens seraient mal venus à le leur
reprocher.

Longtemps avant leur exil, leur esprit d'entreprise avait
conduit les Hébreux dans des pays étrangers où on les recevait avec plaisir ; ils y pratiquaient l'agriculture, l'élevage
ou le commerce. Alexandre le Grand les favorisa de toutes
façons ; il en fut de même de ses successeurs. Strabon estime
à cette époque la population juive de l'Égypte à 1 million.
Les potentats égyptiens et grecs fondèrent des colonies israélites ou appelèrent des Hébreux à leur cour pour rendre
le commerce plus florissant. Ils jouent un rôle très important dans l'histoire des Ptolémées. Bientôt on les voit s'é-
tendre en Asie-Mineure, en Grèce et en Italie. L'émigration
fut encore plus forte après la destruction de Jérusalem et
la dissolution de l'État Juif. Ils devinrent alors l'élément
civilisateur par excellence pour les peuples chez lesquels ils

s'établirent. On sait ce qu'unis aux Arabes ils ont su faire de l'Espagne.

Dans les premiers siècles de notre ère, personne ne songeait à persécuter les Juifs; ce n'est qu'aux IVe et V[o] siècles qu'on leur interdit le métier des armes, la possession d'esclaves, les fonctions publiques. Ensuite vinrent dix siècles de théocratie chrétienne, qui se traduisirent par une oppression terrible de toute vie intellectuelle et par des persécutions sans nom dirigées contre les Juifs. On les chassa de toutes les professions honorables, en ne leur abandonnant que l'usure. On peut calculer que, pendant cette néfaste période, 9 à 10 millions de Juifs ont été sacrifiés au fanatisme religieux et ont subi les supplices les plus atroces.

Cette oppression continuelle ne peut qu'avoir exercé une influence funeste sur les Juifs. Elle les a rendus timides, humbles, enclins à duper. Les nations modernes, en proclamant le grand principe de l'égalité de tous les hommes, ont relevé ces esclaves pliés sous le joug et leur ont rendu leur dignité humaine. Mais des affaires récentes ont montré que l'esprit du Moyen-Age ne nous a pas encore quittés. Si nous voyons (1) sans trop d'étonnement l'antisémitisme persister ou renaître dans des pays réactionnaires comme la Russie, l'Allemagne ou l'Autriche, c'est avec un véritable sentiment de honte pour la France que nous constatons l'existence dans cette terre de la liberté d'un parti antisémite remuant et puissant. Il est de bon ton, c'est faire preuve d'aristocratie et de patriotisme que de se dire ennemi des Juifs. Tous les éléments rétrogrades et chauvins se sont donné la main pour exciter les plus basses passions populaires. Ils ont réussi à provoquer l'émeute en Algérie et à tenir en échec en France le gouvernement lui-même, en maintes circonstances qu'il serait oiseux de rappeler. L'opinion publique trompée, le trouble jeté dans les affaires, la discorde régnant jusque dans les familles, des chefs militaires mêlés à la poli-

(1) Noté du traducteur.

tique, d'autres condamnant un homme dont l'innocence était démontrée par les tribunaux civils, les officiers qui, par des comédies indignes et par des falsifications, avaient fait croire à la culpabilité de cet homme portés aux nues et transformés en héros nationaux, voilà les tristes résultats du mouvement antisémite et nationaliste en France!

Si nous revenons au rôle économique des Juifs, un coup d'œil sur l'organisation primitive de ce peuple nous montrera qu'on ne saurait le rendre responsable du système capitaliste qui règne dans la société actuelle. En Palestine la terre était propriété commune; à chaque année jubilaire, on procédait à une nouvelle répartition des biens. Les placements à intérêts et l'usure étaient sévèrement interdits. Si des circonstances différentes, si la domination de plus en plus grande de l'égoïsme ont modifié cet [état de choses, il en a été de même chez les nations chrétiennes. C'est le règne de l'argent, c'est l'exploitation sans frein de tous les forces sociales qui causent notre malaise. On ne saurait en rendre responsable les Israélites parce que quelques-uns d'entre eux possèdent de grosses fortunes. Si donc l'on veut résoudre la question juive, ce n'est pas à cette race qu'il faut s'en prendre, mais bien aux causes qui ont amené le régime capitaliste. Il ne faut pas se contenter de moyens palliatifs, mais poursuivre la solution radicale de la question sociale; avec elle sera résolue en même temps la question juive, en tant du moins qu'elle est une question d'argent et de fortune.

Il y a en effet encore à considérer le point de vue ethnologique qui trouvera sa solution toute naturelle dans des croisements répétés entre les Juifs et les autres races. Quant au problème religieux, nous espérons qu'avec le temps toutes les différences confessionnelles disparaîtront, et qu'il se fondera, comme nous l'avons dit dans un des chapitres précédents, un culte de l'humanité. A ce moment aussi les Israélites auront abandonné les pratiques, comme celle du sabbat, qui font d'eux une caste à part dans la société civile. Malheureusement, il faut avouer que ces espérances ne paraissent pas près de se réaliser. Pour le moment il faut nous contenter d'en appeler au cœur et à la raison de l'humanité, pour faire vivre ses divers éléments en paix les uns avec les autres, et pour écarter de nous le spectre affreux de l'antisémitisme.

XII

LA LITTÉRATURE ET LES ARTS

Naturalisme et réalisme. — Mysticisme et symbolisme. — Les arts plastiques. — Les arts décoratifs. — L'architecture. — La musique.

Si notre époque est régressive en philosophie, en religion et en politique, elle l'est peut-être encore davantage en littérature et dans les arts. On s'est passionné pour un naturalisme odieux, qui ne voit que les côtés les plus répugnants de la vie. Les temps de Schiller, de Gœthe, de Heine, de Victor Hugo (1) et de Lamartine sont passés sans retour, et la foule de leurs successeurs ne sait que faire pour amuser le vulgaire. Nous sommes dans une période de décadence, marquée par la peinture de situations bizarres, de sentiments affectés, de caractères pathologiques, par un style ampoulé et souvent incompréhensible chez les poètes, relâché et vulgaire chez les prosateurs. Il y a dans les asiles d'aliénés des malades qui n'ont de goût que pour ce qui excite de la répulsion chez les gens bien portants, ou qui se complaisent à la vue de la souffrance et de la mort. Notre société paraît atteinte du même mal moral, qui semble causé par l'absence de tout idéal et par la veulerie générale des esprits. C'est cet état de choses qui explique la répugnance témoignée dans le public pour les grandes vérités découvertes par la science moderne, alors qu'on se lance avec enthousiasme dans le mysticisme.

Les écrivains ne voient plus les rapports simples et naturels des choses, ils ne s'attachent qu'à des minuties sans

(1) Note du traducteur.

importance ; ils n'osent plus attaquer énergiquement les
vices de leurs contemporains, mais ils les flattent par leurs
peintures souvent obscènes. Ils ont une certaine fierté à
n'être compris que d'une petite chapelle d'admirateurs, ils
gâtent les formes artistiques les plus pures, ils recherchent
partout l'effet immédiat et emploient les moyens les plus
risqués pour y parvenir. C'est à tous ces·signes, dit A.
Bartels, qu'on reconnaît la décadence générale de la littérature.

Le succès va aux fantaisies stupides des vaudevillistes,
au répertoire lamentable du café-concert, et l'on ne sait
ce qu'il faut le plus admirer, du courage des auteurs qui
osent offrir de pareilles productions au public ou de la patience de celui-ci à les accepter. Quant aux écrits d'un
Sudermann, ils dépeignent le plus souvent une société
menteuse, inutile et frivole, qui peut bien exister dans
quelques recoins des grandes villes, mais dont on ne peut
que se détourner avec dégoût lorsqu'elle est présentée sur
scène. L'argot qu'il fait parler à ses personnages serait peut-
être à sa place dans une farce ; mais il n'est pas de mise
dans des pièces à prétentions sérieuses. Si le public trouve
plaisir à ce genre de pièces, si les directeurs de théâtre
réalisent avec elles le maximum, il n'en est pas moins certain qu'elles blessent à la fois l'esthétique et la morale.

Si nous passons à d'autres représentants de la littérature moderne nous voyons que Strindberg, Ibsen, G.
Hauptmann et Zola prennent plaisir à nous dépeindre des
caractères réellement pathologiques. Leurs personnages
ont leur place marquée dans les prisons, les hospices ou
les maisons d'aliénés. Leur mépris de l'humanité, leur goût
pour la fange ne peuvent qu'exciter la répulsion. Cette littérature manque d'âme, elle ne repose que sur les instincts
les plus bas et ne répond qu'à un besoin de sensations
violentes. La vie de tous les jours nous offre tant d'objets
tristes ou répugnants, que le rôle de la littérature devrait
être plutôt de nous élever au-dessus de ces misères. Si l'on

prend plaisir à voir souffrir, qu'on parcoure les quartiers ouvriers des cités industrielles, que l'on monte dans les mansardes des couturières, ou que l'on descende dans les enfers miniers. On y trouvera des réalités effrayantes, mais qui ne méritent pas de servir, sans modification, de matière à l'artiste.

Le rôle de celui-ci n'est pas de peindre les choses imparfaites, informes ou défectueuses, mais au contraire les objets les plus parfaits et les plus caractéristiques. L'idéal qu'il poursuit ne doit pas être artificiel, mais avoir sa base dans la nature elle-même. Aussi il semble ironique de donner le nom de « Naturalisme » à cette école qui ne connaît que les déviations de la nature, qui ignore sa tendance à la perfection sous toutes ses formes. Si un peintre voit quelques taches colorées, il s'empresse de les reproduire et s'imagine avoir atteint la vérité, alors que son tableau n'a aucune signification. L'écrivain qui entend une conversation banale la transporte telle quelle dans ses œuvres, avec ses fautes et ses phrases inachevées et sans suite. C'est la vie, dit-il, sans réfléchir que la reproduction de cette conversation n'avait aucun intérêt. Si l'art n'avait pour but que de rendre la réalité, la photographie et le phonographe nous suffiraient.

L'œuvre d'art ne peut être que la réalité plus ou moins modifiée par l'esprit de l'artiste ; elle a donc toujours un élément subjectif. Il est d'autant plus regrettable de voir les modernes ne se plaire qu'à l'abject, au fortuit et au banal, au lieu de rechercher la vérité et la beauté éternelles, comme les maîtres d'autrefois. Une madone de Raphaël ne ressemble pas à une sale femme d'ouvrier traînant à sa mamelle flétrie un nourrisson maladif. Un Hamlet ou un Faust ne ressemble pas aux personnages que l'on coudoie dans la rue. Les femmes décrites dans nos grands poètes sont le produit de leur imagination, et l'on chercherait vainement dans la réalité l'analogue d'une symphonie de Beethoven. La nature noie l'objet principal sous le détail, elle

mélange le beau et le laid sans parvenir jamais à la perfection absolue. Le devoir de l'artiste est de faire de tous
ces détails une image d'ensemble harmonieuse, de développer ce qui n'est qu'indiqué, tout en restant fidèle à la
réalité et en s'abstenant de créer des êtres, des formes, des
sentiments ou des situations impossibles ou manquant de
naturel.

En d'autres termes, l'art doit être *réaliste* et non natu-
raliste. Tout ceci a déjà été dit si souvent qu'il est pénible
d'avoir à y revenir. Mais nos artistes et nos écrivains, manquant de tout génie généralisateur, préfèrent copier servi-
lement la nature ou rechercher par tous les moyens l'effet
immédiat.

Il y a (1) en ce moment une tendance diamétralement opposée au naturalisme et qui est encore plus blâmable. Elle
est en relation directe avec les idées mystiques qui ont acquis un regain de vigueur à la fin de notre siècle. C'est le
symbolisme, qui ne voit dans les phénomènes naturels que
les signes de vérités plus hautes. Cette théorie, justiciable
en soi et que des artistes de génie auraient pu rendre ac-
ceptable, a conduit les imitateurs de Verlaine aux exagérations les plus fantastiques. Nous sommes arrivés avec quelques-uns d'entre eux à des grimoires parfaitement indéchif-
frables, qui n'ont plus de la poésie que le nom. Enfin certains, sautant carrément dans le domaine de l'aliénation
mentale, ont adopté l'écriture artiste qui est en rapport avec
un phénomène pathologique bien connu, l'audition colorée.
On voit par là que la décadence littéraire est due à une
véritable dégénérescence mentale. D'ailleurs le bon public
admire de confiance et par snobisme ce qu'il ne comprend
pas, les symboles abstrus des poètes scandinaves aussi
bien que les productions des mystiques et décadents français.

Il ne manque pas, ni en France ni en Allemagne d'écri-

(1) Note du traducteur.

vains qui savent se tenir en un juste milieu entre les vul-
garités du naturalisme et les insanités du mysticisme. Mais
aucun n'a le génie nécessaire pour que son autorité soit
incontestée et pour donner, par la conciliation de l'idéalisme et du réalisme, une nouvelle direction à la littérature
contemporaine.

Si nous jetons un regard sur les *arts plastiques*(1), nous
constatons qu'aucun, à l'exception peut-être de la peinture, n'a
pu remonter au niveau qu'il occupait dans l'antiquité, avant
l'influence désastreuse du christianisme. Actuellement, à
part quelques brillantes exceptions, on observe parmi les
artistes comme parmi les littérateurs, chez les uns la copie
servile de la nature, chez les autres, qualifiés d'impression-
nistes, la recherche de l'effet bizarre et forcé. Si les ta-
bleaux des premiers ressemblent à des photographies, où
les détails les plus infimes sont notés et ne permettent pas
de saisir l'ensemble, ceux des seconds semblent le produit
de maniaques affligés d'une maladie de la vue. On y trouve
des personnages violets se livrant à des occupations incom-
préhensibles, des femmes aux reflets cadavériques, à l'air
halluciné et paraissant toutes atteintes de tuberculose. Dans
cette école on court après le bizarre, le tourmenté, le pathologique. Quant aux sculpteurs, on est confus de les
voir gâcher des matériaux de valeur pour immortaliser de
petites scènes de genre sans intérêt ou pour faire connaître à la postérité les traits d'un politicien quelconque ou
d'une célébrité locale. N'est-ce pas en effet un signe des
temps, un symptôme de décadence irrémédiable que cette
manie de dresser des statues ou des bustes à tous les hommes tant soit peu marquants? Ces personnages en redin-
gote encombrent les trottoirs de nos villes et spécialement
de Paris. Ne ferait-on pas mieux d'offrir aux passants
l'image de la beauté plastique? La vue de groupes de nym-
phes et d'éphèbes finirait peut-être, comme en Grèce, par

(1) Note du traducteur.

former le goût artistique de la foule. Mais n'ayant plus de grands hommes on cherche à se faire illusion en plaçant sur les trottoirs et dans les squares les effigies de personnages de moindre envergure.

Les seuls arts plastiques qui nous paraissent en progrès sont ceux qu'on est convenu d'appeler *décoratifs* ou industriels. Il y a eu, à l'Exposition universelle de ·900, des meubles, des poteries et des étains qui indiquent une véritable renaissance du goût. On sent dans certains de ces objets un style nouveau en germe, qui, sans être l'imitation servile de la nature, est cependant différent des stylisations sans grâce auxquelles nous étions habitués. Cependant, il faut avouer que beaucoup d'entre eux se contentent d'être la négation du passé et sont en outre impropres à tout usage. C'est plutôt dans la couleur que dans la forme des objets mobiliers que le progrès est incontestable.

Quant à l'*architecture*, il vaut mieux n'en pas parler ; elle est au-dessous de tout. On avait cru en 1889 assister à l'éclosion d'un style nouveau, celui du fer et de la céramique. L'Exposition de 1900 a été une désillusion à ce point de vue : les métaux, par leur absence d'épaisseur, ne sauraient constituer des monuments. On en est réduit à leur donner du corps par des ornements plaqués, ce qui est contraire à tous les principes. Quant aux constructions de pierre ou de briques, ce ne sont que des pastiches de monuments anciens. Le xixe siècle est le seul qui n'aura pas eu de style architectural, et il est impossible de prévoir ce que seront les monuments futurs lorsque la construction en fer sera devenue d'un usage courant.

Nous dirons, en terminant, quelques mots de la *musique*, cet art qui, pour beaucoup de nos contemporains, est devenu une véritable manie. En excitant seulement la sphère sentimentale, elle amène forcément un certain

degré d'énervement. Pour le public cultivé, les composi-
teurs comme R. Wagner, les violonistes comme Sarasate,
les chanteurs, les cantatrices et les pianistes sont les véritables héros du jour, les idoles adorées auxquelles la mode
rend un véritable culte. Il est certain que l'importance
qu'on accorde aujourd'hui à la musique est hors de proportion avec l'attention distraite donnée aux autres beaux-
arts, à la littérature, à la poésie et surtout aux œuvres des
savants et des penseurs. Ce phénomène est un des signes
de cette décadence dont nous avons noté plus haut les
symptômes, et qui fera bientôt place, il faut l'espérer, à
une renaissance du bon goût.

CONCLUSIONS

Nous sommes arrivés au terme de cette étude, qui avait pour but d'établir le bilan du siècle écoulé, de montrer d'une part les progrès accomplis dans les sciences et dans l'industrie, d'autre part l'état stationnaire ou rétrograde des croyances et des mœurs. Nous avons recherché les raisons de ce contraste si marqué, sans réussir à jeter une lumière complète sur ce phénomène. C'est justement à cause de la réaction triomphante que le libre-penseur a le droit et le devoir d'élever sa voix pour stigmatiser les imperfections de notre époque et pour amener, autant qu'il est en son pouvoir, l'avènement d'une ère meilleure.

Nous avons vu que le siècle qui vient de se terminer a été troublé par de remarquables convulsions politiques, et par la gestation de grandes réformes sociales ; que fera le xxᵉ siècle de l'héritage qui lui est laissé ?

Sera-t-il la continuation normale du xixᵉ siècle, développera-t-il tous les germes reçus de celui-ci, en philosophie et en religion, en science et en technique, dans la vie intellectuelle et la vie matérielle ? Ou bien ceux-là triompheront-ils qui, appuyés sur le principe d'inertie et sur la routine, cherchent à faire reculer l'humanité vers un état moral et intellectuel qu'on pouvait croire aboli à tout jamais ?

Pour répondre à cette question, il nous faut revenir un peu en arrière et comparer le xixᵉ siècle à celui qui l'a précédé. Epoque de liberté des esprits, si la marche de l'histoire était régulière, le xviiiᵉ siècle aurait dû avoir pour continuateur celui qui l'a suivi, d'autant plus que les magnifiques conquêtes scientifiques de ce siècle étaient la confirmation la plus éclatante des faits devinés par les penseurs du XVIIIe siècle.

Mais combien notre siècle a mal rempli son rôle! Si la vie matérielle et nos connaissances ont fait des progrès énormes, ceux-ci n'ont eu qu'une influence des plus médiocres sur la pensée humaine et sur l'amélioration du sort des hommes.

La pauvre humanité gémit toujours sous l'oppression des préjugés confessionnels, politiques et sociaux. Une partie de la société cultivée cherche à remplacer sa foi perdue par les folies du spiritisme et de l'occultisme; d'autres estiment la phraséologie incompréhensible de philosophes à demi aliénés à un plus haut prix que le clair langage de la science et de la saine raison. On ferme obstinément l'oreille aux avertissements qui partis des couches profondes de la société appellent, avec une énergie de jour en jour plus grande, des améliorations et des réformes. Au lieu de se préparer à la tempête on chasse les oiseaux qui la prédisent.

J'ai déjà dit dans mon Introduction que le progrès n'est pas continu, mais qu'il subit des interruptions assez fréquentes. Au point de vue de la pensée humaine le XIXe siècle a été une de ces périodes de régression. On peut espérer que la marche ascendante reprendra au siècle suivant. Son rôle serait dès lors d'établir sur les bases posées par notre époque le monument d'un avenir voué au progrès. En tous les cas il ne devra pas se borner à développer les nombreux germes scientifiques déposés par le XIXe siècle; mais il devra se vouer à faire reconnaître par tous les vérités nouvelles et à en tirer des applications pratiques. Au seuil du siècle nouveau nous osons prophétiser que cette *conciliation de la science et de la vie* sera le signe sous lequel il vivra et vaincra.

Depuis un temps immémorial, le monde est gouverné par des idées mythiques, mystiques et subjectives. Le moment approche où elles doivent céder le pas à la science, à la certitude objective. Le libre-penseur croit que les hommes peuvent être meilleurs, plus sages et plus heureux qu'ils ne l'ont été jusqu'à ce jour, et qu'en déracinant les préjugés et les superstitions, on peut amener un progrès moral illimité. Il est impossible actuellement de savoir si le siècle naissant se rapprochera de ce but idéal, ou si nous sommes condamnés à nous enfoncer encore davantage dans la nuit des conceptions réactionnaires. L'auteur de ce livre a, comme homme et comme écrivain, exercé une certaine influence sur ses contemporains; il a contribué à délivrer beaucoup d'entre eux du joug du mysticisme philosophique et théologique. C'est pourquoi, au déclin du siècle et à la fin de sa vie, il a cru devoir encore une fois élever la voix et, jetant un regard sur le Passé, en tirer des leçons et des avertissements pour l'Avenir.

FIN

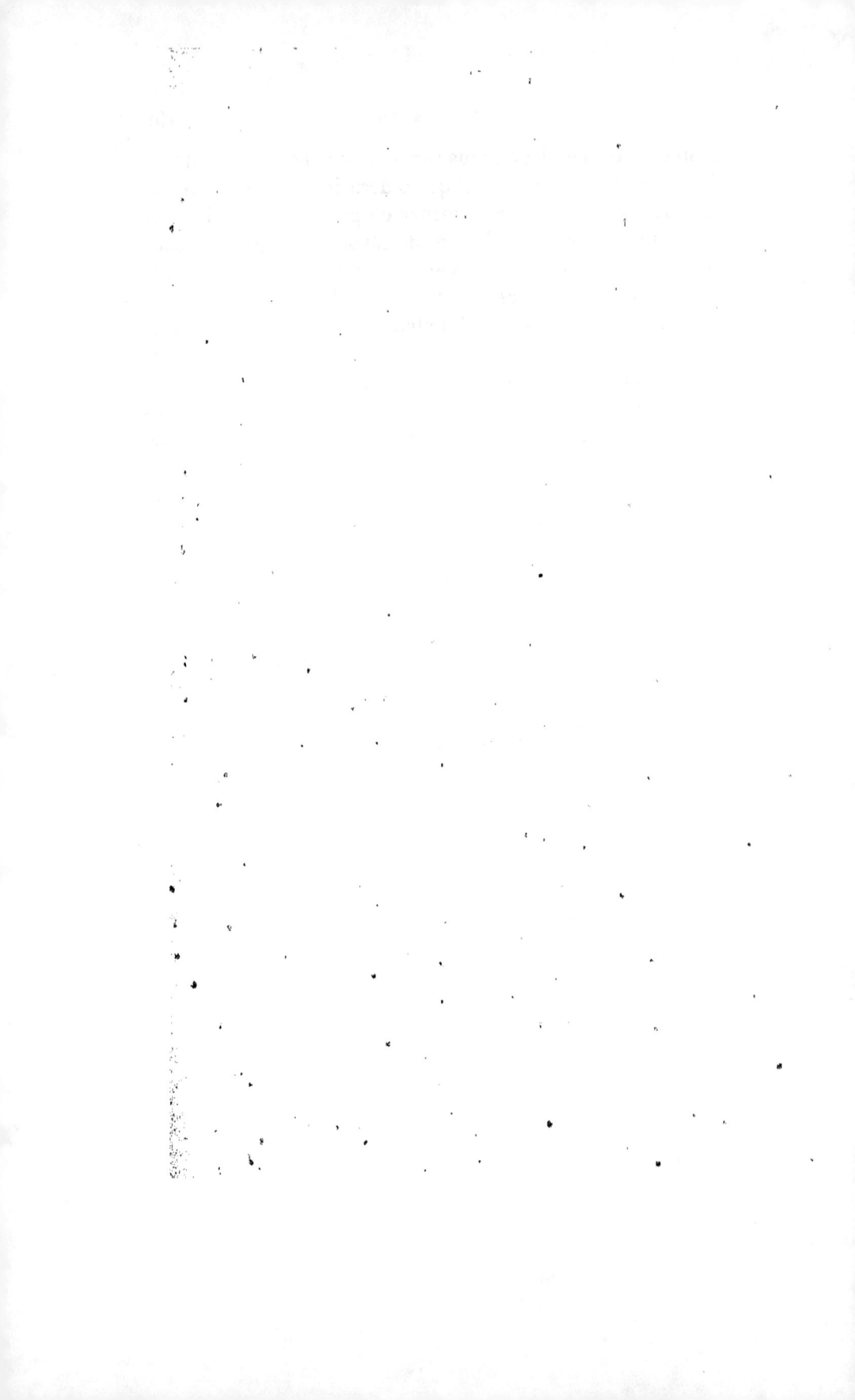

TABLE DES MATIÈRES

XI. — LA QUESTION JUIVE

XII. — LA LITTÉRATURE ET LES ARTS

www.ingramcontent.com/pod-product-compliance
Lightning Source LLC
Chambersburg PA
CBHW050013100426
42739CB00011B/2632